小字录校注 小字录续补

石云孙 编著

时代出版传媒股份有限公司
安徽教育出版社

图书在版编目（CIP）数据

小字录校注；小字录续补 / 石云孙编著.—合肥：安徽教育出版社，2020
ISBN 978-7-5336-9065-6

Ⅰ.①小… Ⅱ.①石… Ⅲ.①历史人物－人名录－中国－古代 Ⅳ.①K82-61

中国版本图书馆 CIP 数据核字（2020）第 096680 号

小字录校注　小字录续补
XIAOZILU JIAOZHU　XIAOZILU XUBU

出 版 人：费世平
质量总监：何换生
策划编辑：夏业梅
责任编辑：付　静
责任校对：汪　攀
装帧设计：阮　娟
责任印制：陈善军

出版发行：时代出版传媒股份有限公司　安徽教育出版社
地　　址：合肥市经开区繁华大道西路 398 号　邮编：230601
网　　址：http://www.ahep.com.cn
营销电话：(0551)63683012，63683013
排　　版：安徽时代华印出版服务有限责任公司
印　　刷：合肥市宏基印刷有限公司

开　　本：880×1230　1/32
印　　张：7
字　　数：180 千字
版　　次：2020 年 7 月第 1 版　2020 年 7 月第 1 次印刷
定　　价：32.00 元

（如发现印装质量问题，影响阅读，请与本社营销部联系调换）

目 录

四库提要　　　　　　　　　　　　　　001

前言　　　　　　　　　　　　　　　　001

小字录校注
凡例　　　　　　　　　　　　　　　　003
历代帝王　　　　　　　　　　　　　　004
汉　　　　　　　　　　　　　　　　　008
魏　　　　　　　　　　　　　　　　　009
晋　　　　　　　　　　　　　　　　　010
宋　　　　　　　　　　　　　　　　　023
齐　　　　　　　　　　　　　　　　　026
梁　　　　　　　　　　　　　　　　　027
陈　　　　　　　　　　　　　　　　　028
后赵　　　　　　　　　　　　　　　　029
前秦　　　　　　　　　　　　　　　　029
前燕　　　　　　　　　　　　　　　　030

后燕	030
后魏	031
北齐	033
后周	034
隋	035
唐	036
五代	037
本朝	038

小字录续补

序	043
词例	047
夏商周时代	048
春秋战国时代	050
汉魏时代	062
两晋南北朝时代	075
唐宋时代	110
辽金时代	160
元明清时代	173

附录 208

跋语 213

参用文献 214

四库提要

《小字录》一卷，宋陈思撰。思有《宝刻丛编》，已著录。是书，因陆龟蒙《侍儿小名录》所载未广，思复为推衍，集史传所载小字，以为一编。龟蒙之书，丛杂无绪，思故条分缕析，先列历代帝王，而自汉以后诸臣，则按代胪载，较原书为有条理。然如北周晋公宇文护，小字萨保，见于本传，而此顾遗之，则亦不免于漏略矣。原本尚有明沈宏正《补录》一卷，以思原本未备，续为增辑，与思书合刊行之。较思虽似详悉，而征引讹谬，不一而足，中间如辽、金、元诸臣所载小字，皆不知音译，随意牵引，颇不足依据。兹删汰宏正所补录，专录存思书，为识小之助焉。

前　言

唐人陆龟蒙始创辑"小字"之录，撰成《侍儿小名录》，后流传散失成残，《小字录》只收录三例。宋人陈思因陆撰仅限"侍儿"，所载未广，复为推衍，集史传说部所载小字，以为一编，这就是今传的《小字录》。陈思生平不详，《四部丛刊》本署为"成忠郎缉熙殿国史实录院秘书省搜访陈思纂次"，则可知其供职秘书省，研究国史。除《小字录》，陈思还著有《宝刻丛编》，此书《四库全书》也已著录。《小字录》撰成存世，明代沈宏正见其有遗漏，因著《补录》一卷，与《小字录》合刊行之。至清编辑《四库全书》时，嫌沈所补录"颇不足依据"而将其删汰，专录存陈思书，以为乃"识小之助焉"。此断颇有见。史传、集部以及笔记、家谱的作者、注者记录小字，必有意，如陆游所言"示不忘本也"。后世学者读是书，也必兴会有加。这就是所谓"识小之助"吧！然而细按是书所录小字，虽可谓识小之助，但也应看到其有小中见大之用。小名有大学问，它是考察社会生活的一项现实资源，真实地反映出政治思想、社会文化、宗教信仰、民间习俗的方方面面，凡此又与道德标准、价值取向、人情世态、审美情趣相关。本人在点校时感而成一绝志之：

校注前贤《小字录》，羽毛木石不嫌呼。

世间佛道儒贵贱，随俗长生甘作奴。

"雉奴""阳乌"，羽之属；"犬子""豹奴"，毛之属；"桂""棘奴"，木之属；"石头""砖儿"，石之属；"佛助""僧奴"，释之类；"灵宝""真奴"，道之类；"师颜""知观"，儒之类：皆以小字传世，虽贵为帝王，贱为小民，均呼之于口，存之于书，即称为"奴""犬"，也不以为嫌，故小名之义不小，小中见大，从可知。因此，《小字录》学者尊之，重之，又从而补之，续之，使小字扩而充之，推而广之，几于洋洋大观了。

《小字录》大例，先列历代帝王，而自汉以至宋诸人，则按朝代胪载，共收215个小字，计帝24、王14、汉3、魏2、晋78、宋25、齐3、梁11、陈2、后赵1、前秦1、前燕1、后燕2、后魏20、北齐5、后周4、隋3、唐4、五代8、本朝4。全书每条以小字抬头标目，下另行低一格摘录本事，末注明来源。其中汉、唐、五代、宋只收22个小字，而魏晋南北朝共收193个小字，这是很鲜明的特色。魏晋南北朝是一个大分裂的时代，世难时危，民生维艰，政治动荡，思想活跃，世尚散淡，人趋任性。但可以清楚地看到，道德未去世，言语放光彩，文学大发展，政事在运转，学术也在孜孜地进行，其中三大注本，即裴松之的《三国志注》、刘孝标的《世说新语注》、郦道元的《水经注》，成了传世名著。此时，各种著作纷纷面世，小名也随之传出，见于史传记载中，《世说》故事里，族谱家传上，看一下《小字录》相关的文本，便可略知其概。裴注《三国志》，刘注《世说新语》，每引族谱、家传，不少小字即记在其中，如裴注引《曹瞒传》："操小字阿瞒。"刘注《世说新语·假谲》也引《曹瞒传》，注同裴引。又于《轻诋》引《王氏谱》"虎犊，王彪小字也"，于《贤媛》引《郗氏谱》"周闵女，名马头"，于《任诞》引《袁氏谱》"大妹名女皇，小妹名女正"（按："马头""女皇""女正"，皆女子小名，《小字录》不收，拙著《续补》录入），等等，并其证。小字如此之多，乃时代使然，非嫌忌能限制得了的。

陆龟蒙《侍儿小名录》，因冠以"侍儿"，引人注目。"侍儿"者，侍人之女子，犹丫鬟之类。受此所限，故收录不广。但该书又受到热捧，于是宋人因有"侍儿"之作出，如洪驹父著《侍儿小名录》一卷，王性之续一卷，黄庭坚作《侍儿小名录拾遗》，王铚作《补侍儿小名录》等。凡此"侍儿"，皆录女子小名，广《小字录》不及，补陆著《侍儿小名录》未备。不过，也有不足。《四库提要》指出陈书较陆作"为有条理"，但也有"漏略"，故明代就有《补录》之作。我作《魏晋南北朝人小名》（发表于《淮南师范学院学报》2003年第1期，后写入安徽教育出版社2015年出版的《考字说文论》）一文时，已发现陈书所收不全，并举有若干例为证。因此，遂有补续之意，备一《小字录续》笔记本，凡阅读所及，时有发现，随手摘记。历十多年积累，于2014年秋写成补录初稿。此后四年，阅读既广，收获益多，于2018年秋对初稿进行修订、加详，撰成定稿，名之曰《小字录续补》，与《小字录校注》合刊出版。

校注《小字录》，做了以下几项工作：

（一）做校注，校出校记，注重在小字，本事前人已详如《世说新语》者，但从略；

（二）是书无句读，因加上标点，以便读者；

（三）底本虽为精本，但也发现若干错别字及漏记来源，并一一订补；

（四）是书收《世说新语》和《世说叙录》达70余条，为便于读者检索，利用学者成例，加以编号，记于注下；

（五）异体字、俗体字，随文改过。

米寿刚过，欣喜目明耳不背，犹能点校整理古籍，亦一乐也。整理本有不妥之处，请专家学者批评指正！

二〇一九年己亥仲春
当涂石云孙写于安庆师范大学博望居

小字录校注

成忠郎缉熙殿国史实录院秘书省搜访陈思纂次
安庆师范大学文学院教授石云孙校注

凡　例

一、本书以《四库全书》本为底本(简称四库本),以《四部丛刊》本为参校本(简称丛刊本)。两本有异文者,核以出处文本,酌取正。

二、校注分校和注,校用(　　),注用[　　],以示区别,分别标码。

三、条目原文,或原文,或节录,或综合,凡文顺者,皆仍旧,遇综合者约注之。

四、原书为繁体竖排上下版式,今改为通行简体横排一式版。

五、原本无句读,今加新式标点,以便醒目通览。

六、俗体字、异体字,直接改正,均不出校,也不出按语。

七、原书条目下所注出处,多简略,如"宋本纪""世说"之类,凡此于首见者言明,下不烦一一注。

历代帝王

阿瞒　魏太祖武帝,姓曹,讳操,字孟德,汉相国参之后,一名吉利,小字阿瞒[一]。(《魏》本纪[二])

注:[一]许慎《说文》目部:"瞒,平目也。"段玉裁注:"平目对出目、深目言之。今俗借为欺谩字。"目不突出,又不深陷,平正而视,一目了然,隐不可掩。与一名"吉利"互相备。

[二]《魏》本纪:陈寿撰《三国志·魏书》中《武帝纪》的省文。全书之例如此,下不一一注。"一名吉利,小字阿瞒"为裴松之注引吴人《曹瞒传》文。本条节录纪文及裴注合成。记作《魏》本纪,乃统言之。加"阿"有亲昵意味。下仿此。

寄奴　宋高祖武帝,讳裕,字德舆,小字寄奴[一],姓刘氏。(《宋》本纪)

注:[一]宋辛弃疾《永遇乐·京口北固亭怀古》:"斜阳草树,寻常巷陌,人道寄奴曾住。"明李时珍《本草纲目》:"刘寄奴草。"皆以小名入篇韵。"奴",奴仆,用于小字,乃昵称,取其贱而易长。下仿此。

车兵　宋少帝,讳义符,小字车兵,武帝长子。(《宋》本纪)

车儿　宋太祖文帝,讳义隆,小字车儿,武帝第三子。(《宋》本纪)

道民　宋世祖孝武帝,讳骏,字休龙,小字道民,文帝第三子。(《宋》本纪)

法师　宋前废帝,讳子业,小字法师,孝武帝长子。(《宋》本纪)

荣期　宋太宗明帝,讳彧,字休炳[1],小字荣期,文帝第十一子。(《宋》本纪)

校：(1)炳：本纪作"炳",丛刊本作"焕",误。

慧震 宋后废帝,讳昱,字德融,小字慧震,明帝长子。明帝诸子在孕,皆以《周易》筮之,即以所得卦(1)为小字,故帝小字慧震[一]。(《宋》本纪)

校：(1)卦：此据本纪,丛刊本作"故",误。

注：[一]慧震：《周易·震卦》："震,亨。"震为卦名,加慧示义。朱熹《周易本义》："震,动也……震而动也,其象为雷,其属为长子,震有亨道。"得卦命名,是取小字一法。

知观 宋顺帝,讳准,字仲谋(1),小字知观[一],明帝第三子。(《宋》本纪)

校：(1)谋：此据本纪,《校勘记》《南史》《御览》作"谟",丛刊本同。

注：[一]知观：《周易·观卦》："观我生进退。"观为卦名,知在明义。唐孔颖达《正义》："处进退之时,以观进退之几,未失道也。"这是智慧。

斗将 齐太祖高帝,讳道成,字绍伯,小字斗将,姓萧氏。(《齐》本纪)

龙儿 齐世祖武帝,讳赜,字宣远,小字龙儿,高帝长子。生建康县之清溪宅(1),将产之夕,陈孝皇后、昭皇后,并梦龙据屋,故小字为龙儿[一]。(《齐》本纪)

校：(1)宅：此据本纪,丛刊本作"宫",误。

注：[一]龙儿：以灵异为名,是取小字一法。

法身 齐废帝,郁林王昭业,字元尚,小字法身,文惠太子长子。(《齐》本纪)

玄度 齐高宗明帝,讳鸾,字景栖,始安贞王道生之子,小字玄度。(《齐》本纪)

练儿 梁高祖武帝,讳衍,字叔达,小字练儿[一],姓萧氏,汉相国

萧何之后。(《梁》本纪)

注:[一]练儿:此名源自佛经,指树林寂静,远离尘嚣。此亦取小字一法。梁武帝信佛,名副其实。

六通　梁太宗简文帝,讳纲,字世缵,小字六通,武帝第三子。(《梁》本纪)

七符　梁世祖孝(1)元帝,讳绎,字世诚,小字七符,武帝第七子。(《梁》本纪)

校:(1)孝:丛刊本作"武",误。

法真　梁敬帝,讳方智,字慧相,小字法真,元帝第九子。(《梁》本纪)

法生　陈高祖武帝,讳霸先,字兴国,小字法生,姓陈氏,汉太丘长寔之后也[一]。(《陈》本纪)

注:[一]《后汉书·陈寔传》:"陈寔……迁除太丘长。"陈寔卒后,海内共刊石立碑,谥为"文范先生"。太丘,县名。

药王　陈废帝,讳伯宗,字奉业,小字药王,文帝长子。在位无人君之器,太后称文帝遗志,废为临海王。(《陈》本纪)

师利　陈高宗孝宣帝,讳顼,字绍世,小字师利,始兴昭烈王第二子。尝被酒张灯而寝,李总(1)适出,寻反,见帝是大龙,便惊走他室。(《陈》本纪)

校:(1)李总:此据本纪文,丛刊本作"总",文不显。

黄奴　陈后主,讳叔宝,字元秀,小字黄奴,宣帝长子。(《陈》本纪)

那罗延　隋高祖文帝,姓杨氏,讳坚,小字那罗延[一],汉太尉震十四世孙。大统七年六月,生于冯翊般若寺。有尼来自河东,谓皇妣曰:"此儿所从来甚异,不可于俗间处之。"皇妣尝抱高祖,忽头上出角,遍体鳞起,皇妣大骇坠于地。尼外入见曰:"已惊我儿,致令晚得天下。"(《北史·隋》本纪)

注：[一]那罗延：杨坚的鲜卑小字，为佛教用语，意为金刚力士。

阿㦬 隋炀帝，讳广，小字阿㦬[一]，高祖第二子。高祖尝密令善相者来和视诸子，和曰："晋王眉上，双骨隆起，贵不可言。"及太子勇废，立为皇太子。（《隋》本纪）

注：[一]㦬：魏励主编《中华大字典》："㦬 mó，女子美称。"

雉奴 唐高宗，讳治，字为善，小字雉奴[一]，太宗第九子，始封晋王。太子承乾败，太宗阴许立魏王泰，长孙无忌固欲立晋王。帝以太原石文有"治万吉"，复从无忌。帝犹谓无忌曰："公劝我立雉奴，雉奴仁懦，得无为宗社忧奈何？"（《唐·濮恭王传》）

注：[一]雉奴：太宗为魏王李泰取小字青雀，为晋王取小字雉奴，皆从俗取贱物为小字，也是取小字一法。

桃符 晋齐献王，讳攸，字大猷，小字桃符，文帝第二子。亲贤好施，爱经籍，能属文，善尺牍，特为文帝所宠爱。每见攸，辄抚床呼其小字曰："此桃符座也。"（《晋》本传）

智随 宋武陵王，讳赞，字仲敷，小字智随[一]，明帝第九子。（《宋》本传）

注：[一]智随：随为《周易》卦名。智随与上"知观"取小字义例同。

阇梨 齐江夏王，讳锋，字宣颖，小字阇梨[一]，高祖第十二子。工书，为当时藩王所推。南郡王昭业，亦稍工书，尝谓武帝曰："臣书固应胜江夏王。"武帝答曰："阇梨第一，法身第二。"（法身，即昭业小名）（《齐》本传）

注：[一]阇梨：梵语音译词"阿阇梨"的简称，指僧人。僧人，法外人，易养。

白泽 齐文惠太子长懋，字云乔，小字白泽，武帝长子。（《齐》本传）

维摩 梁昭明太子统，字德施，小字维摩[一]，武帝长子。美姿容，善举止，读书数行并下，过目皆忆。（《梁》本传）

注：[一]维摩：梁武帝信佛，故为长子、四子、六子取小字维摩、四果、六真，皆从佛经来。

四果　梁南康简王绩，字世谨，小字四果，武帝第四子。《梁》本传

六真　梁邵陵携王纶，字世调，小字六真，武帝第六子。少聪颖，博学善属文，尤工尺牍。《梁》本传

明进　隋卫昭王爽，字师仁，小字明进，高祖异母弟。《隋》本传

睍地代　隋房陵王勇，小名睍地代[(1)]，文帝长子。文帝受禅，立为皇太子。以罪废黜，追封房陵王。《北史·隋》本传

校：(1)代：丛刊本同，皆误，本传作"伐"，当据改。

益钱　隋庶人谅，字德章，小字益钱，又幼字阿客[一]，文帝子。开皇初，封汉王，后以罪幽死。《北史·隋》本传

注：[一]阿客：本传载谣言："客量小儿作天子。"杨谅闻而喜，以"谅"与"量"同音，"客"与"阿客"相应，又在皇家最小，以为应之作"天子"。事发废为庶人。

阿孩　隋齐王𬀩，字世朏，小字阿孩，炀帝子。《北史·隋》本传

季子　隋赵王杲，小字季子，炀帝子。《北史·隋》本传

毗沙门　唐隐太子建成，小字毗沙门，高祖子。《唐》本传

三胡　唐巢剌王元吉，小字三胡，高祖子。与建成谋作乱，伏诛。《唐》本传

汉

犬子　司马相如字长卿，成都人，少名犬子[一]。好读书，学击剑。慕蔺相如之为人，乃更名相如。《前汉》[二]本传

注：[一]犬子：《汉书》本传师古注："父母爱之，不欲称斥，故为此名也。"古人敬名，嫌称名指斥，故取一小字。《颜氏家训·风操》："长卿名犬子，王修名狗子，上有连及，理未为通，古之所行，今之所笑也。"宋邢居实《拊掌录》载欧阳修曰："小儿，要易长育，往往以贱物为小名，如狗羊牛马之类是也。"

[二]《前汉》：指《汉书》。

鼎 匡衡字稚圭，一曰衡，小名鼎[一]。家贫好学，诸儒为之语曰："无说《诗》，匡鼎来；匡说《诗》，解人颐。"衡少字鼎，长乃易字稚圭。（《前汉》本传）

注：[一]鼎：师古集注"匡鼎来"，应劭曰"鼎，方也"，不以为小字。张晏举出"匡鼎曰"，证"鼎"为小字。师古是应而非张，且曰："字以表德，岂人之所自称乎？"指《西京杂记》云"匡衡小名鼎"为妄说。云按：陈思依以采入，今仍之。

童乌 扬雄子，小字童乌，九岁，与雄论玄。（陆龟蒙《小名录》）

魏

万亿 李通字文达，江夏人，小字万亿。以侠闻于江汝之间，勇冠诸将，为太祖所知。卒，谥刚侯。（《魏志》本传）

别成 傅干字彦林，汉阳太守燮子，小字别成，位扶风太守。（《世说叙录》[一]）

注：[一]《世说叙录》：余嘉锡《四库提要辨证》：南宋绍兴八年，刊本《世说新语》问世，卷末附汪藻所撰《世说叙录》一卷，称"今以《世说新语》为正"，则《叙录》为补录之作。

晋

阿童 王濬字士治,小字阿童。为益州刺史时,吴中童谣曰:"阿童复阿童,衔刀浮渡江,不畏岸上兽,但畏水中龙。"羊祜闻之,曰:"此必水军有功,但当思应其名者耳。"乃表濬为监益州诸军事,加龙骧将军,竟平吴。(《晋·羊祜传》)

齐奴 石崇字季伦,大司马侍中苞子。崇生于青州,故小字齐奴[一]。(《晋》本传)

注:[一]齐奴:以出生地名为小字,出于纪念。

阿龙 王导字茂弘,镇军司马裁子,小字阿龙。少有风鉴,识量清远,位丞相,进封始兴郡公。卒,谥文献。(《晋》本传)

王丞相拜司空,廷尉桓彝作两髻,葛裙策杖,路边窥之,叹曰:"人言阿龙超,阿龙固自超。"不觉至台门。(《世说》[一])

注:[一]《世说》:为刘义庆《世说新语》略称,分三十六门,每门收故事少则几个,多则百来个。今对每则故事分别编号。此条见《世说新语·企羡1》。下仿此。

阿太 王悦字长豫,丞相导子,小字阿太。位吴王友、中书侍郎,赠常侍始兴贞世子。(《世说录》[一])

注:[一]《世说录》:未闻。或即《世说叙录》省写。

阿螭 王恬字敬豫,丞相导子,小字阿螭,位吴国会稽内史、散骑常侍。卒,谥曰宪。恬少好武,不为公门所重。导见悦辄喜,见恬便有怒色。恬多技艺,善弈棋,为中兴第一。(《晋》本传)

大奴 王劭字敬伦,丞相导子,小字大奴[一]。位建威将军、尚书

仆射、中领军。卒,谥曰简。(《世说录》)

注:[一]大奴:亦见《世说新语·容止28》。

小奴 王荟字敬文,丞相导子,小字小奴。位镇军将军、散骑常侍,赠卫将军。

王僧弥珉、谢车骑玄,共王小奴宴集。僧弥举酒劝谢云:"奉使君一觞。"谢曰:"可尔。"僧弥勃然作色曰:"汝故是吴兴溪中钓碣耳,何敢诗张?"谢徐抚掌而笑曰:"卫军,僧弥殊不肃省,乃侵陵上国也!"(《世说》[一])

注:[一]见《世说新语·雅量38》。

阿黑 王敦字处仲,治书御史基子,丞相导从父兄也,小字阿黑。位大将军。

王大将军始欲下都,处分树置,先遣参军告朝廷,讽旨时贤。祖车骑逖尚未镇寿春,瞋目厉声语使人曰:"卿语阿黑,何敢不逊?催摄面去,须臾不尔,我将三千兵椠脚令上。"王闻之而止。(《世说》[一])

注:[一]见《世说新语·豪爽6》。

阿戎 王戎字濬冲,贞陵侯浑子。位司徒,以功封安丰县侯。薨,谥曰元。

阮籍素与浑友,戎年十五,阮曰:"濬冲清赏,非卿伦也。与卿言,不如与阿戎谈。"(《世说》[一])

注:[一]见《世说新语·简傲2》注引《竹林七贤论》。

阿菟 王羲之字逸少,淮南太守旷子,小字阿菟。位临川太守、右将军、会稽内史。卒,赠金紫光禄大夫。(《世说叙录》)

阿龄 王胡之字修龄,骠骑将军廙子,小字阿龄。位司州刺史。(《世说》)

胡之治身清约,以风操自居。谢太傅安语刘惔:"阿龄于此事故欲太厉。"刘曰:"亦名士之高操者。"(《世说》[一])

注:[一]见《世说新语·赏誉131》。

虎犊 王彭之字安寿,右仆射彬子,小字虎犊[一]。位黄门郎,袭爵。(《世说叙录》)

注:[一]虎犊:又见《世说新语·轻诋8》。

虎犊 王彪之字叔虎,彭之弟,小字虎犊。位光禄大夫、尚书令、仪同三司。卒,谥曰简。

王右军在南,丞相导与书,每叹子侄不令,云:"虎犊、虎犊,还其所如。"彪之年二十,而头须皓白,时人谓之王白须,少有局干之称。(《世说》[一])

注:[一]见《世说新语·轻诋8》。

荆产 王徽字幼仁,南乡侯澄子,小字荆产[一]。位右军司马。刘惔云:"人想王荆产佳,此想长松下当有清风耳!"(《世说》[二])

注:[一]荆产:其父任荆州刺史,徽生,故名荆产。

[二]见《世说新语·言语67》。

法护 阿瓜 王珣字元琳,中领军洽子,小字法护,又小字阿瓜。位前将军、司徒、东亭侯。卒,谥献穆。谢太傅安领中书监,王东亭有事,应同上省。王后至,坐促,王、谢虽不通,太傅犹敛容待之(1)。王神意闲畅,谢公倾目。还谓刘夫人曰:"向见阿瓜,故自未易有,虽不相关,正自使人不能已已。"(《世说》[一])

校:(1)敛容待之:原文作"敛膝容之"。四库本文顺义长,不回改。

注:[一]见《世说新语·赏誉147》。

僧弥 王珉字季琰,珣弟,小字僧弥[一]。有才艺,擅书,名出兄右。时人语曰:"僧弥难为兄,法护难为弟。"代献之为中书令,时谓小令。卒,赠太常。(《世说》)

注:[一]僧弥:见《世说新语》之《政事24》《规箴22》。

阿奴 王濛字仲祖,新淦令讷子,小字阿奴。位司徒左长史。刘

恢抚王长史背曰:"阿奴比丞相尊[(1)],但有都长。"(都,美也)

刘恢、王长史同坐,长史酒酣起舞,刘恢曰:"阿奴今日不复减向子期。"(类向秀之任率也)(《世说》)[一]

校:(1)尊:丛刊本作"导",为夹注字,如"都,美也"之例。丛刊本为正。

注:[一]见《世说新语》之《品藻43》《品藻44》。

苟子 王修字敬仁,司徒左长史濛子,小字苟子[一]。明秀有美称,善隶行书。起家著作郎,转中军司马。(《晋》本传)

刘恢至王长史许清言,苟子年十三,倚床边听。既去,问父曰:"刘恢语何如尊?"长史曰:"韶音令辞不如我,往辄破的胜我。"(《世说》)[二]

注:[一]苟子:狗子。

[二]见《世说新语·品藻48》。

阿兴 王蕴字叔仁,修弟,小字阿兴。位左将军、左仆射、会稽内史。卒,追赠光禄大夫。(《晋》本传)

世称苟子秀出,阿兴清和。(《世说》)[一]

注:[一]见《世说新语·赏誉137》。

阿讷 王坦之字文度,尚书令述子,小字阿讷。位中书令、北中郎将、左卫将军,袭封蓝田侯。卒,谥曰宪。(《世说叙录》)

阿智 王处之字文将,述子,小字阿智[一]。州辟别驾,不就。(《世说叙录》)

注:[一]阿智:亦见《世说新语·假谲12》。

僧恩 王祎之字文劭,述子,小字僧恩[一]。位中书侍郎。年未三十而卒。(《世说叙录》)

注:[一]僧恩:亦见《世说新语·品藻64》。

驹 王愉字茂和,小字驹。晋尚书仆射,江左冠族。子绥,亦有

重名。(陆龟蒙《小名录》)

佛大 王忱字元达,坦之子,小字佛大。位建威将军、荆州刺史。卒,赠右将军,谥曰穆。

王佛大叹言:"三日不饮酒,觉形神不复相亲。"为吏部郎,尝作选草,临当奏,王僧弥来,聊出示之。僧弥得,便以己意改易所选者近半,佛大甚以为佳,更写即奏。(《世说》[一])

注:[一]此条合《世说新语》三则故事成,分见《德行44》《政事24》《任诞52》。

甯 王恭字季伯,左仆射蕴子,小字甯[一]。位前将军,赠侍中、太保,谥曰忠简。(《世说叙录》)

注:[一]甯:亦见《世说新语·言语100》。

齐 王熙字叔和,蕴子,小字齐[一]。(《世说叙录》)

注:[一]齐:亦见《世说新语·雅量42》。

睹 王爽字季明,蕴子,小字睹[一]。位黄门侍郎、宁朔将军。(《世说叙录》)

注:[一]睹:亦见《世说新语·文学101》。

坚石 谢尚字仁祖[一],咸亭侯鲲子,小字坚石。初为王导掾,袭爵咸亭侯、镇西将军。卒,谥曰简。(《世说叙录》)

注:[一]仁祖:亦见《世说新语·容止32》。

虎子 谢据字玄通,吏部尚书衷第二子,小字虎子[一],号中郎。(《世说序录》)(1)

校:(1)《世说序录》:丛刊本"序"作"叙",是。序、叙义同。

注:[一]虎子:亦见《世说新语·简傲8》。

末婢 谢琰字瑗度,太傅安子,小字末婢[一]。位辅国将军,以功封望蔡县公、会稽内史,为孙恩所害,赠侍中、司空。谥曰忠肃。(《世说叙录》)

注:[一]末婢:亦见《世说新语·伤逝15》。

封　谢韶字穆度,散骑常侍万子,小字封[一],位车骑司马。(《世说叙录》)

注:[一]封:亦见《世说新语·贤媛26》。

胡儿　谢朗字长度,安次兄据长子,小字胡儿。名亚于玄,仕至东阳太守。

谢太傅安雪寒日内集,与儿女讲论文义,俄而雪骤,公欣然曰:"白雪纷纷何所似?"兄子胡儿曰:"撒盐空中差可拟。"兄女曰:"未若柳絮因风起。"公大笑乐。即公大兄奕女,名道蕴,右将军(1)王凝之妻也。(《世说》[一])

校:(1)右将军:原文作"左将军",存疑。

注:[一]见《世说新语·言语71》。

遏　谢玄字幼度,镇西将军奕子,小字遏。晋都督徐兖青司冀幽并七州军事,封康乐公。卒,谥曰献武。

谢太傅安因子弟集聚,问:"《毛诗》何句最佳?"遏称曰:"昔我往矣,杨柳依依;今我来思,雨雪霏霏。"公曰:"吁谟定命,远犹辰告。"谓此句偏有雅人深致。(《世说》[一])

注:[一]见《世说新语·文学52》。

末　谢渊字叔度,奕子,小字末[一]。晋义兴太守。(《世说叙录》)

注:[一]末:亦见《世说新语·贤媛26》。

益寿　谢混字叔源,望蔡县公琰子,小字益寿。袭爵,历中书令、中领军、尚书左仆射。以党刘毅诛,国除。及宋武受禅,谢晦谓刘裕曰:"陛下应天受命,登坛日,恨不得谢益寿捧玺韨。"裕亦叹曰:"吾甚恨之,使后生不得见其风流。"(《晋》本传)

买得　桓冲字幼子,散骑常侍彝子,小字买得。晋护南蛮校尉、车骑将军、荆州刺史。卒,谥曰宣穆。冲,温弟也。初,彝亡后,冲兄弟并少,家贫,母患,需羊以解,无由得之。温乃以冲为质,羊主甚富,言不欲为质,幸为养买得郎。及冲为江州,出射,羊主于射堂边看冲,识之,谓曰:"我买得也!"遂厚报之。(《晋》本传)

石头 桓熙字伯道,南郡公温子,小字石头[一]。为冲徙长沙。(《世说叙录》)

注:[一]石头:亦见《世说新语·捷悟7》。

式 桓歆字叔道,温子,小字式[一],临贺公。(《世说叙录》)

注:[一]式:亦见《世说新语·政事19》。

灵宝 桓玄字敬道,温孽子,小字灵宝。袭封南郡公,年三十六伏诛。其母马氏,常与温同辇,夜坐月下,见流星坠铜盆中,如寸二火珠。竞以瓢接取,独马氏得而吞之,有感遂娠。及生,有光照室,占者奇之,故小名曰灵宝。(《晋》本传)

桓宣武薨,玄五岁,服始除,桓车骑冲与送故文武别,因指玄:"此皆汝家故史(1)佐。"玄应声恸哭,酸感傍人。车骑每自目己坐曰:"灵宝[一]成人,当以此坐还之。"鞠爱过于所生。(《世说》[二])

校:(1)"史"字,误。丛刊本作"吏",正。

注:[一]灵宝:道教术语,所谓"灵宝之方,长生之法",屡见于《抱朴子》《真诰》。用道教习用语为名,乃取小字一法。

[二]见《世说新语·夙惠7》。

镇恶 桓石虔,司空豁子,小字镇恶。冠军将军、作塘侯。卒,追赠右将军。

石虔年十七八,未被举,而童隶已呼为镇恶郎。尝往宣武斋头,从征枋头,车骑冲没阵,左右莫敢先救。宣武谓曰:"汝叔落贼,汝知否?"石虔闻之,气甚奋,命朱辟为副,策马于数万众中,莫有抗者,径取冲还,三军叹服。河朔后以其名断疟。(《世说》[一])

注:[一]见《世说新语·豪爽10》。

豹奴　桓嗣字恭祖，车骑将军冲子，小字豹奴。领江夏相。追赠南中郎将，谥曰靖。

桓豹奴是王丹阳外甥（王丹阳混字奉正，晋丹阳尹），形似其舅，桓甚讳之。宣武曰："不恒相似，时似耳。恒似是形，时似是神。"桓逾不悦。（《世说》）[一]

注：[一]见《世说新语·排调42》。

崖　桓修字承祖，冲子，小字崖。龙骧将军为刘裕所诛。桓玄素轻桓崖，崖在京下有好桃，玄连就求之，遂不得佳者。玄与殷仲文书以为嗤笑曰："德之休明，肃慎贡其楛矢。如其不尔，篱壁间物亦不可得也。"（《世说》）[一]

注：[一]见《世说新语·排调65》。

子野【一云**野王**】　桓伊字叔夏，谯国铚人，小字子野，一云野王。累迁豫州刺史，赠右将军。少有才艺，善音律，为王濛、刘惔所知，有蔡邕柯亭笛，尝自吹。

王子猷出都，尚在渚下，旧闻桓子野善吹笛，而不相识。遇桓于岸上过，王在船中，客有识之者，云是桓子野，王便令人与相闻，云："闻君善吹笛，试为我一奏。"桓时已贵显，素闻王名，即便回下车，踞胡床，为三调。弄毕，便上车去，客主不交一言。（《世说》）[一]

注：[一]见《世说新语·任诞49》。

阿恭　庾会字会宗，太尉亮子，小字阿恭。年十九，为苏峻所害。

庾太尉风仪伟长，不轻举止，时人皆以为假。亮有大儿数岁，雅重之质，便自如此，人知是天性。温太真尝隐幔怛之，大儿神色恬然，乃徐跪曰："君侯何以为此？"论者谓不减亮。或云："见阿恭，知元规非假。"（《世说》）[一]

注：[一]见《世说新语·雅量17》。

道恩　庾羲字义叔[一]，亮子，小字道恩[二]。晋吴国内史。（《世

说叙录》)

注:[一]《世说新语》刘注"字叔和",录备闻。

[二]道恩:亦见《世说新语·方正48》。

道季 庾龢,亮子,小字道季[一]。晋中领军。(《世说叙录》)

注:[一]道季:亦见《世说新语·言语79》。

赤玉 庾统字长仁,卫将军怿子,小字赤玉。少有令名,仕至建威将军、浔阳太守。

简文帝曰(1)庾赤玉"省率治除",谢仁祖常云:"庾赤玉胸中无宿物。"(《世说》[一])

校:(1)"曰"当作"目",字之误,《诸子集成》收《世说新语》本不误。

注:[一]见《世说新语·赏誉89》。

玉台 庾友字惠彦,又字弘之,司空冰第三子,小字玉台。晋中书郎、东阳太守。

庾玉台,希之弟也。希诛,将及玉台。玉台子妇,宣武弟桓豁女也,徒跣求进。阍禁不内,女厉声曰:"是何小人!我伯父门,下(1)听我前!"因突入,号泣请曰:"庾玉台常因人,脚短三寸,当复能作贼不?"宣武笑曰:"婿故自急。"遂原玉台一门。(《世说》[一])

校:(1)下:丛刊本作"不",是。

注:[一]见《世说新语·贤媛22》。

倪 庾倩字少彦,冰子,小字倪[一]。晋太宰长史。(《世说叙录》)

注:[一]倪:亦见《世说新语·赏誉72》。

园客 庾爱之字仲真,车骑将军翼子,小字园客。有父风,仕至辅国将军。

庾翼为荆州,临终,自表其子园客自代。朝廷虑其不从命,未知所遣,乃共议用桓温。刘惔曰:"使伊去,必能克定西楚,恐不可复制。"后果如惔言。(《世说》[一])

注:[一]见《世说新语·识鉴19》。

嘉宾 郗超字景兴,司空愔子,小字嘉宾[一]。晋中书侍郎、司徒左长史。超少有才气,越世负俗,不循常检,时人为一代盛誉,语曰:"盛德日新郗嘉宾,江东独步王文度。"(坦之字文度)(《世说》)

注:[一]嘉宾:见《世说新语·赏誉126》。

仓 郗融字景山,愔子,小字仓[一]。(《世说叙录》)

注:[一]仓:亦见《世说新语·排调44》。

阿乞 郗恢字道胤,东安伯昙子,小字阿乞[一]。袭爵,征虏将军、秦州刺史。赠镇军将军。(《世说叙录》)

注:[一]阿乞:亦见《世说新语·任诞39》。

羊 袁乔字彦叔,光禄大夫瑰子,小字羊。龙骧将军,湘西伯。卒,追赠益州刺史,谥曰简。

袁羊尝诣刘恢[(1)],恢在内眠未起。袁因作诗调之曰:"角枕粲文茵,锦衾烂长筵。"(《唐风》诗曰:"角枕粲兮,锦衾烂兮,予美亡此,谁与?独旦。"袁故嘲之)刘尚晋明帝女,主见诗不平,曰:"袁羊,古之遗狂!"[一]

校:(1)刘恢:当为"刘惔",字之误。《晋书》:"刘惔尚晋明帝女庐陵公主。"

注:[一]此脱出处。见《世说新语·排调36》。所引诗为《诗经·唐风·葛生》句。《葛生》是悼亡诗,写主人悼念亡妻的孤独之情。此用以反调笑刘惔内眠未起。

虎 卫玠字叔宝,黄门郎恒子,小字虎。晋太子洗马。(《世说叙录》)

袁宏字彦伯,临汝令勖子,小字虎。晋东阳郡守,时号"袁开美",故王子敬诗云:"袁生开美度。"桓公入洛,过淮泗,践北境,与诸僚属登平乘楼,眺瞩中原,慨然曰:"遂使神州陆沉,百年丘墟,王夷甫诸人不得不任其责!"袁虎率尔对曰:"运自有废兴,岂必诸人之过?"桓公懔然作色,顾谓四座曰:"诸君颇闻刘景升不?有大牛重千斤,啖刍豆十倍于常牛,负重致远,曾不若一羸牸。魏武入荆州,烹以飨士卒,于时莫不称快。"意以况袁,四座皆骇,袁亦失色。(《世说》[一])

注:[一]见《世说新语》之《赏誉145》《轻诋11》。

阿讷 许询字玄度,小字阿讷[一]。(《世说叙录》)

注:[一]阿讷:亦见《世说新语·轻诋31》。

映 先生名迈,字叔玄,许副第四子,小名映。清虚怀道,遐栖物外,故自改名远游。与王右军父子周旋,子猷乃修在三之敬。(《真诰》[一])

注:[一]《真诰》:道教经书,南朝道士陶弘景著。

揆 长史名谧,字思玄,一名穆,许副第五子。少知名,儒雅清素,博学有才章。长史三男,长男名䎗,小名揆。(《真诰》)

虎牙 许长史中男名联,字元晖,小名虎牙。谢安为护军,引为功曹。除永康令卫尉丞,晋康太守,不之官。又为辅国司马。(《真诰》)

玉斧 许长史小男名翙,字道翔,小字玉斧。幼有珪璋标挺,长史器异之。郡举上计掾簿,并不赴。清秀莹洁,糠秕尘务,居雷平山下,修业勤精。常愿早游洞室,不欲久停人世,遂诣北洞告终。《真诰》有云:"琼刃者,譬许掾小名也。"(《真诰》)

嗣伯 许确字义玄,副第七男,小名嗣伯。梗概有大度,好学。出为桓温扬州从事,谢安卫军参军。随谢玄讨苻坚,有功,封都乡侯。(《真诰》)

道助 吴坦之字处靖,坚子,小字道助[一]。濮阳人,仕至西中郎功曹。(《世说》)

注:[一]道助:见《世说新语·德行47》。

附子 吴隐之字处默,坦之弟,小字附子。兄弟居在丹阳郡,俱有孝行。后遭母丧,童夫人艰,朝夕哭临。及思至,宾客吊省,号踊哀绝,路人为之落泪。韩康伯时为丹阳尹,母扬州刺史殷浩之妹,在郡邻居,每闻二吴之哭,辄为凄恻,语康伯曰:"汝若为选官,当好料理此人。"康伯亦甚相知。韩后果为吏部尚书,大吴不免制哀,小吴遂大贵达。(《世说》[一])

注:[一]见《世说新语·德行47》。

阿源 殷浩字渊源,光禄勋羡子,小字阿源。晋中军将军、扬州刺史。

桓公语嘉宾:"阿源有德有言,向使作令仆,足以仪刑百揆,朝廷用违其才耳!"(《世说》[一])

注:[一]见《世说新语·赏誉117》。

胡奴 陶范字道则,太尉侃第十九子,小字胡奴。诸子中最知名,历尚书秘书监。

袁宏始作《东征赋》,都不道陶公。胡奴诱之狭室中,临以白刃,曰:"先公勋业如是,君作《东征赋》何相忽略。"宏窘蹙无计,便答:"我曾大道,何以云无?"因诵曰:"精金百炼,在割能断。功则治人,职思靖乱。长沙之勋,为史所赞。"(《世说》[一])

注:[一]见《世说新语·文学97》。

卢奴 江敳字仲凯,仆射彪子,小字卢奴。敳历内外,简退著称,位琅琊内史、骠骑咨议参军。王恭欲请江卢奴为长史,晨往诣江,江犹在帐中。王坐,不敢即言,良久乃得及。江直唤人取酒,自饮一碗,又不与王。王且笑且言:"那得独饮?"江云:"卿亦复须耶?"更使酌与王。王饮酒毕,因得自解去,未出户,江曰:"人自量,固为难!"(《世说》[一])

注:[一]见《世说新语·方正63》。

阿奴 周谟字叔治,浚子,小字阿奴。兄顗,字伯仁,尚书左仆射。次兄嵩,字仲智。

周伯仁母,冬至举酒赐三子曰:"吾本谓度江托足无所,尔家有相,尔等并罗列吾前,复何忧!"周嵩起,长跪泣曰:"不如阿母言。伯仁为人志大而才短,名重而识暗,好乘人之弊,此非自全之道;嵩性狠抗,亦不容于世;惟阿奴碌碌,当在阿母目下耳。"(《世说》)[一]

注:[一]见《世说新语·识鉴14》。

僧奴 孙腾字北(1)海,余杭令统子,小字僧奴[一]。仕至廷尉。(《世说叙录》)

校:(1)北:当为伯。《晋百官名》:"腾字伯海。"

注:[一]僧奴:亦见《世说新语·品藻69》。

盘龙 刘毅字希乐,彭城人,小字盘龙。仕晋至都督淮南五郡诸军事。初,桓玄在南州,起斋,悉画盘龙于其上,号为盘龙斋。毅小字盘龙,至是遂居之。(《晋》本传)

骥 张湛字处度,小字骥。张骥酒后,好挽歌,甚凄苦。车骑桓冲曰:"卿非田横门人,何故顿至尔歌?"(《世说》)[一]

注:[一]见《世说新语·任诞45》。

期生 褚爽字弘茂,秘书监歆子,小字期生[一]。晋义兴太守。赠金紫光禄大夫。(《世说叙录》)

注:[一]期生:亦见《世说新语·识鉴24》。

武生 毛穆之字宪祖,征虏将军宝子,小字武生。(《晋》本传)

长生 李暠字玄盛,陇西成纪人,小字长生。晋凉武昭王。(《晋》本传(1))

校:(1)丛刊本注出处为《晋》本传,此脱,今据补。

独活 张天锡字纯嘏,骏少子也,小名独活[一]。曾祖轨,永嘉中为凉州刺史,值京师大乱,遂据凉土。天锡篡位,自立为凉州牧。自轨为凉州,至天锡,凡九世七十六年。苻坚使姚苌攻没凉州,天锡归长安,坚以为侍中。后于寿阳俱败,遂南归,拜散骑常侍、西平公。(《世说》)

注：[一]独活：事见《世说新语·言语94》，但小名不载。"独活"见《晋书·列传》第五十六。

蛑　曹茂之字永世，小字蛑。少府卿曼子，仕至尚书郎。庾道季云："廉颇、相如虽千载上死人，懔懔常如有生气；曹蛑、李志（志字温祖，仕至员外常侍、南康相）虽见在，厌厌如九泉下人。人皆如此，便可结绳而治，但恐狐狸貒狢啖尽。"（言人皆如曹、李质鲁，天下可结绳致治）（《世说》[一]）

注：[一]见《世说新语·品藻68》。

元龙　卢循字于先，司空从事中郎湛之曾孙，小字元龙。晋征虏将军、广州刺史、平越中郎将。（《晋》本传）

宋

阿答　王蕴字彦深，太中大夫楷子，小字阿答。宋湘州刺史、给事黄门侍郎、咸阳侯。伏诛。（《世说叙录》）

童乌　王绚字长素，太傅彧子，小字童乌。宋秘书丞。卒，谥曰恭。（《世说叙录》(1)）

校：(1)丛刊本注出处为《世说叙录》，此脱，今据补。

道儿　谢述字景先，宣城内史允子，小字道儿。宋吴兴太守、左将军刘湛，并与述为异常之交。述美风姿，善举止，湛每谓人曰："我见谢道儿，未尝足。"（《宋》本传）

客儿　谢灵运，太傅玄孙，秘书郎瑍子，小字客儿[一]。袭封康乐公。永嘉太守、临川内史。元嘉十年伏诛。（《世说叙录》）

注：[一]客儿：钟嵘《诗品》："谢灵运生于会稽，其家以子孙难得，

送灵运杜治养之,十五方还都,故名客儿。"灵运,谢玄孙,三代单传。杜治家有靖室,或称馆,为天师道所设。人家恐婴儿难成活,送养之。

阿连 谢惠连,给事方明子,小字阿连。宋彭城王义康法曹参军。(《世说叙录》)

阿多 谢曜,晋黄门郎思子,小字阿多。宋御史中丞。(《世说叙录》)

佛佛 褚澹之字仲原,晋义兴太守爽子,小字佛佛。位尚书、吏部廷尉卿、左卫将军。谥曰质。

宋武帝以旧功爱之,会稽郡有阙,朝议欲用蔡廓为之,武帝曰:"彼自是蔡家佳儿,何关人事?可用佛佛。"乃用澹之为会稽太守。(《宋》本传)

阿寿 刘敬宣字万寿,镇北将军牢之子,小字阿寿。为青州都督。诸葛长民贻书敬宣曰:"盘龙[一]狼戾专恣,自取夷灭。异端将尽,世路方夷,富贵之事,相与共之。"敬宣遣使进呈,高祖谓王诞曰:"阿寿故为不负我也。"(《宋》本传)

注:[一]盘龙:刘毅小字,已见前。东晋末年北府兵将军,曾随同刘裕举兵消灭桓玄之乱。后忌妒刘裕,欲举兵反。诸葛长民贻书欲共发难,阿寿呈上举报。

愍孙 袁粲字景倩,父早卒,祖哀其孤幼,名之曰愍孙[一]。宋尚书令、开府仪同三司、司徒。(《宋》本传)

注:[一]愍孙:幼而名之,故为小字。

班虎 刘湛字弘仁,小字班虎。太祖自豫州长史,诏为太子詹事兼给事。时彭城王义康专执朝权,而湛昔为上佐,遂以旧情,委心自结,晚节驱煽。义康陵轹朝廷上,谓所亲曰:"刘班初自西还,吾与语尝看日早晚,虑其当去。比入朝,亦看日早晚,虑其不去。"湛小字班虎,故云班也。迁丹阳尹,詹事如故,后谋乱,伏诛。(《宋》本传)

道民 刘穆之字道和,小字道民。宋尚书左仆射、前将军。追封南康郡王,谥曰文宣。(《宋》本传)

干木 徐羡之字宗立[1],小字干木。时傅亮任寄隆重,朝廷典仪,皆取定于亮。蔡廓征为吏部尚书,因北地傅隆问亮选事,亮以语录尚书徐羡之,羡之曰:"黄门郎以下悉以委蔡,吾徒不复厝怀,自此以上固宜共参同异。"廓曰:"我不能为徐干木署纸尾。"遂不拜。干木,羡之小字也。(《宋》本传)

校:(1)宗立:本传为"宗文"。丛刊本作"宗之",亦误。

仙童 徐湛之字孝源,司空羡之从孙,小字仙童。幼孤,为武帝所爱。范蔚宗谋反,湛之始与之同,后发其事。为蔚宗款辞所连,有司以湛之关豫疑党,请免官削爵,付廷尉,上不许。湛之诣阙上书请罪,上优诏不许。蔚宗付廷尉入狱,然后知为湛之所发。后与谢综等隔壁遥问综曰:"疑谁所告?"综曰:"不知。"蔚宗称湛之小名曰:"乃是徐仙童[一]也。"(《宋》本传)

注:[一]仙童:直呼小名,除中性外,又有爱憎之别,此含憎恨义。若晋文帝每见献王攸便抚床呼其小字曰:"此桃符座也"(见前),含喜爱义。

砖儿 范蔚宗,车骑将军泰之子,小字砖儿[一]。其母如厕产之,额为砖所伤,故以砖为小字。少好学,善为文章,位左卫将军、太子詹事。与谢综等谋反,伏诛。(《宋》本传)

注:[一]砖儿:此以偶遇事为名,示不忘恩。为取小名一法。

梨 楂 张敷字景胤,小字楂。父劭字茂宗,小字梨。宋文帝戏曰:"楂何如梨[一]?"敷对曰:"梨是百果之宗,楂何敢及也!"(《宋》本传)

注:[一]楂、梨:以植物为小名,取其贱而易养。

约 傅瑗字叔玉,晋御史中丞咸孙,小字约。仕至安成太守。(《世说叙录》)

女生 鲁爽小字女生[一],扶风郿人。南归,仕至豫州刺史,加都督。(《宋》本传)

注:[一]女生:不是性别,而是名字。鲁爽小字女生,或随意名之,欲生女,却生了小子,即以女生为小字。若王敦生下长得黑,即取小名"阿黑",皆其例。

天念 鲁秀,爽弟,小字天念。仕魏太武。与爽南归,文帝悦。以爽为司州刺史,秀为荥阳(1)、颍川二郡太守。孝武即位,以为司州刺史,加都督,领汝南太守。(《宋·鲁爽传》)

校:(1)荣阳:当为"荥阳",本传不误。

长生 刘凝之字隐安,小名长生。宋朝隐逸,不仕。(《宋·隐逸传》)

阿舒 阿宣 雍 端 通 《宋征士陶潜集》载《责子》诗曰:"白发被两鬓,肌肤不复实。虽有五男儿,总不好纸笔。阿舒已二八,懒惰故无匹。阿宣行志学,而不爱文术。雍端年十三,不识六与七。通子垂九龄,但觅枣与栗。天运苟如此,且进杯中物。"[一]

舒(名俨)、宣(名俟)、雍(名份)、端(名佚)、通(名佟),皆小名也。

注:[一]责子,责备儿子不求上进。皆呼小名责之,有亲爱而戒勉之意。

齐

彦孙 王粹字景深,豫章侯僧绰子,小字彦孙。齐黄门侍郎。(《世说叙录》)

史公 袁彖字伟才,宋左仆射顗子,小字史公。齐侍中。卒,谥曰靖。(《世说叙录》)

狗儿 张敬儿,南阳冠军人,父丑,为郡将。始,其母于田中卧,梦犬子有角抵之[1],因感而有娠,遂生敬儿,故初名狗[2]儿。宋明帝嫌狗儿名鄙,改为敬儿。位至开府仪同三司。(《齐》本传)

校:(1)抵之:丛刊本作"舐之"。"舐",以舌舐,得之,应据改。

(2)狗:本传、丛刊本皆作"苟",苟,同狗。"苟"为"敬"字的左文,故就字改为"敬儿"。

梁

迦叶 萧藻字静艺,小字迦叶[一]。善属文,尤好古律。高祖每称其小字叹曰:"子弟如迦叶,吾复何忧!"累迁开府仪同、中书令、侍中。(《梁》本传)

注:[一]迦叶:南北朝佛教大行,人或用佛、菩萨名为小字,萧藻小字迦叶、王训小字文殊、梁昭明太子小字维摩、陈宣帝顼小字师利、北魏薛洪隆小字菩萨、吕温子小名罗汉,皆其例,凡此乃社会风气使然。

养 王泰字仲通,冠军将军慈子,小字养。梁骁骑将军。谥曰夷。(《世说叙录》)

炬 王筠字元礼,太中大夫揖子,小字炬。梁太子詹事。(《世说叙录》)[一]

注:[一]《梁书·谢举传》:"世人为之语曰:'王有养、炬,谢有览、举。'养、炬,王筠、王泰小字也。"以"养"为王筠小字,"炬"为王泰小字,与《叙录》为异。《续补》复录存疑。

文殊 王训字怀范,国子祭酒暕子,小字文殊。梁侍中。卒,谥

曰温子。(《世说叙录》)

阿士 刘孝绰字孝绰,齐大司马从事中郎绘子,小字阿士。七岁能属文,舅齐中书郎王融深赏异之,亲友号曰:"神童!"融每曰:"天下文章,若无我,当归阿士。"(《梁》本传)

阿堆 任昉字彦升,乐安人。齐中散大夫遥子,小字阿堆。幼而聪敏,早称神悟。八岁能属文,从叔晷有知人之量,见而称其小名曰:"阿堆,吾家千里驹也。"仕梁至太常。(《梁》本传(1))

校:(1)此见《南史》本传,《梁》本传不载。

东里　西华　南容　北叟 任昉有四子,东里、西华、南容、北叟[一],并无术业,坠其家声。兄弟流离,不能自振,生平旧交,莫有收恤。西华冬月,着葛帔练裙,道逢平原刘孝标,泫然矜之,谓曰:"我当为卿作计",乃著《广绝交论》以讥其旧友。到溉见其论,抵几于地,终身恨之。东里位尚书外兵郎。(《梁·任昉传》)

注:[一]东里、西华、南容、北叟:分别为四子小字。

僧伽 刘之遴字思贞,虬子,小字僧伽。八岁能属文,虬曰:"此儿必以文兴吾宗!"时有沙门僧惠有异识,每诣虬,必呼之遴小字曰:"僧伽福德儿!"握手而进之。仕梁,位都官尚书、太常卿。(《梁》本传)

陈

僧悦 徐陵字孝穆,侍中摛子,善属文。为儿时,小字僧悦[一]。陵年数岁,家人携以候沙门释宝志,志摩其顶曰:"天上石麒麟也!"位至光禄大夫、太子少傅、特进。(《陈》本传)

注:[一]僧悦:儿时受僧人宝志赏悦,故名。

蛮奴　任忠字奉诚,小字蛮奴。诡谲多计略,膂力过人,尤善骑射。累以战功,进镇南将军。(《陈》本传)

后赵

棘奴　冉闵字永曾,小字棘奴,石季龙养孙也。父瞻字弘武,本姓冉名良,魏郡内黄人也。闵幼而果锐,季龙抚之如孙。及长,身长八尺,善谋策,勇力绝人。(《晋载记》)

前秦

肩头　苻坚字永固,一名文王,雄之子也,小字肩头。祖洪,从石季龙徙邺家于永贵里。坚生,背有赤文,隐起成字曰:"草付臣又土。"[一]王咸阳。臂垂过膝,目有紫光,洪奇而爱之,名曰"肩头"。(《晋载记》)

注:[一]成字曰:"草付臣又土","草付"为"苻"字,"臣又土"为"坚"。示吉兆,后为前秦主。

前燕

凤凰 慕容冲,小字凤凰。苻坚之灭燕,慕容冲姊,伪清河公主,年十四,有殊色。坚纳之,宠冠后庭。冲年十二,亦有龙阳之姿,坚又幸之。姊弟专宠,宫人莫进。长安歌之曰:"一雌复一雄,双飞入紫宫。"咸惧为乱。王猛谏坚,乃出冲。长安又谣曰:"凤凰凤凰,止阿房。"坚以凤凰非梧桐不栖,非竹实不食。坚乃植桐竹数十万株于阿房,以待之。冲,小字凤凰,至是终为坚贼,入止阿房城焉。(《晋载记·苻坚传》)

后燕

恶奴 慕容农,小字恶奴,垂第三子。(《晋载记》)

秃头 慕容云字子雨,宝之养子也。父名拔,姓高氏,小字秃头。三子而云季也。初,童谣曰:"一束藁,两头然,秃头小儿来灭燕。"[一]藁字上有草,下有禾,两头然,则禾草俱尽而成高字。垂少子燕,竟为云所灭,如童谣焉。(《晋载记》)

注:[一]举谣言说事。上"草"下"禾"都烧尽,只剩中"高"字,预言秃头小儿灭燕,高云成后燕主。

后魏

乌头 房法寿,小字乌头,清河东武城人。幼孤,少好射猎。仕至魏郡太守,以功封壮武侯。(本传[一])

注:[一]本传:房法寿为"后魏"人。后魏,以区别于前三国曹魏。又称"北魏",与南朝相对言。此称"本传",指见北朝《魏书》。下凡言"本传",皆仿此。

白头 卢景裕字仲孺,太常丞静子,小字白头。少敏,专经为学,谦恭守道,贞素自得。位中书郎,除国子博士。(本传)

柰 毕众敬,小名柰[一],少好弓马。仕宋至泰山太守,后北归。皇兴初,拜散骑常侍,兖州刺史,赐爵东平公。(本传)

注:[一]柰:柰子,一种植物名。此亦以贱物为小名例。

陀儿 毕义云,众敬子,小字陀儿。少粗侠,文宣受禅,累迁御史中丞,后为司徒左长史。(本传)

真奴 李䜣字元盛,小字真奴,范阳人。父崇,率十郡归降。太武甚礼之,以为幽州刺史、固安侯。䜣,位至司空。(本传)

秦玉 杨愔字遵彦,小字秦玉。神武时,位至行台右丞。(本传)

黄头 游雅字伯度,小字黄头。太武时,为秘书监。卒,赠相州刺史。谥曰宣侯。(本传)

继伯 李崇字继长,小字继伯。文成元后第二兄诞之子,袭爵陈留公。镇西大将军。(本传)

记祖 郦范字世则,范阳人,小字记祖[一]。少给事东宫,累迁尚书右丞、平东将军、青州刺史、假范阳公[二]。卒,谥曰穆。(本传)

注：[一]记祖：以记祖为小字，示不忘祖、不忘本意。

[二]假范阳公：假，暂署。《史记·项羽本纪》"立羽为假上将军"，正义："假，摄也。"未得怀王命。可资证。

桃简 崔浩字伯源，白马公宏子，小字桃简。少好文学，博览经史，玄象阴阳，百家之书，无不关综，研精义理。位至侍中、特进、领军大将军、左光禄大夫。世祖朝被诛，浩之姻亲，尽夷其族。（本传）

周儿 崔颐，小名周儿，位至冀州刺史。始，崔浩与冀州刺史崔颐、荥阳太守崔模，年皆相次。浩为长，次模，次颐，三人别祖，而模、颐为亲。浩恃其家世，常侮模、颐，模谓人曰："桃简正可欺我，何合轻我家周儿邪！"浩，小名桃简；颐，小名周儿。世祖颇闻之，故诛浩，时二家获免。（本传）

阳乌 卢渊字伯源，平东将军度世子，小字阳乌。敦尚学业，位至秘书监，赠安北将军、幽州刺史。谥曰懿。（本传）

洪崖 卢敏字仲通，渊弟，小字洪崖。少有大量，太和初拜议郎。早卒，赠威远将军、范阳太守。谥曰靖。

师颜 卢昶字叔达，渊弟，小字师颜[一]。学涉经史，早有时誉。位至太常卿，进号镇西将军，加散骑常侍。卒，谥曰穆。

注：[一]师颜：和下文"羡夏"皆是儒学文化的反映。颜，指颜回；夏，指子夏，皆孔子大弟子。二人小字以"师""羡"体现价值取向。

羡夏 卢尚之字季儒，昶弟，小字羡夏。亦以儒素见重，位光禄大夫。卒，赠散骑常侍、安东将军、青州刺史。[一]

注：[一]卢家伯仲叔季四兄弟同传，故"伯源"下皆不记出处。都记下小字，示不忘本。

皮 裴骏字神驹，小名皮，弘农太守双硕子。幼而聪慧，亲表称为神驹，因以为字。弱冠通涉经史，崔浩深器之，目为"三河领袖"，位中书侍郎。

金 卢仲宣,仪曹郎中观弟,小名金。才学优洽,兄弟俱以文章显,位至太尉。

巨弥 于谨字思敬,小字巨弥[1]。沉深有识量,略窥经史,尤好《孙子兵书》。位至雍州牧。薨,赠加使持节、太师、雍恒等二十州诸军事,谥曰文。

校:(1)四库本、丛刊本名"于谦",小字"巨引","谦"当为"谨","引"当为"弥",今据本传改。

夜叉 元义字伯隽,江阳王继长子,小名夜叉[一]。灵太后临朝,以义妹夫除通直散骑常侍。后位至尚书令、侍中。

注:[一]夜叉:梵文译音。民间传说意为"捷疾鬼",有轻捷义,从佛取小字。

翼归 长孙稚字承业,小名翼归。年六岁袭爵,降为公。高祖以其幼承家业,赐名稚,字承业。聪敏有才艺,累以战功,迁太傅。(俱本传[一])

注:[一]俱本传:"皮"至"翼归"俱见北朝《魏书》本传。

北齐

须拔 赵郡王琛字元宝,齐神武皇帝之弟,子睿小名须拔[一]。幼孤,聪慧夙成,特为神武所爱,养于宫中。袭爵南赵郡公。天保二年,出为定州刺史、六州大都督。时年十七,称为良牧。

注:[一]须拔:鲜卑小名。

佛助 魏收字伯起,巨鹿人,小字佛助。少机警,年十五,能属文。天保中,诏撰《魏史》,表而上之。[一]

注：[一]魏收撰成魏史，史称《魏书》，今传世。

桂 李裔字徽伯，小字桂，性温直。太和中为顿丘相，豪右畏之。齐神武大丞相、咨议参军。参定策功，封固安伯。为候军大将军、陕州刺史。周文帝攻克州城，见害。

皮 封隆之字祖裔，小名皮[一]。宽和有度量，累迁河内太守。齐神武赠太保。谥曰宣懿。

注：[一]皮：封隆之小名"皮"，北魏裴骏小名亦叫"皮"，取调皮、好玩义。

搔 封绘字仲藻，隆之子，小名搔。释褐秘书郎，累迁平阳太守。征补大行台、吏部郎中。文襄征拜仪同三司、右仆射。卒，谥曰简子。（俱本传[一]）

注：[一]俱本传："须拔"至"搔"俱见《北齐书》本传。

后周

沙门 王轨小字沙门，汉司徒允之后，世为州郡冠族。高祖即位，颇有战功。周文帝遇之甚厚，以功进位上将军、郯国公。

永贵 宇文贵字永贵，贵母初孕，梦老人抱一子授之曰："赐尔是子，俾寿且贵。"及生，形类所梦，故以永贵字之[一]。历位大司徒，迁太保。

注：[一]生时字之，即以为小名。

沙弥 王晞字叔朗，小名沙弥。幼而孝谨，好学不倦。魏神武中补外兵曹参军，齐天保初行太原郡事。齐亡，周武帝以晞为仪同、大将军。开皇元年卒。（俱本传[一]）

注：[一]俱本传："沙门"至"沙弥"俱见《周书》本传。

兰成　庾信字子山，父肩吾，梁太子中庶子，小字兰成。幼而俊迈，聪敏绝伦。有天竺僧呼信为"兰成"，因以为小字。使西魏，留长安。周孝闵帝践祚，拜洛州刺史。后作《哀江南赋》，有曰："王子洛滨之岁，兰成射策之年。"（陆龟蒙《小名录》）[(1)]

校：(1)丛刊本上有"陆龟蒙"，应据补。

隋

洪儿　李敏字树生，小字洪儿。父崇，为幽州总管，突厥围城死之。高祖以其父死王事，养于宫中。及长，袭爵广宗县公，起家左千牛。敏美姿仪，善骑射，从征高丽，加光禄大夫。或言敏一名洪儿，炀帝疑洪字当谶，尝面告之，冀其引决，由是大惧。敏数与金才等屏人私语，宇文述知而奏帝，乃伏诛。[一]

注：[一]"谶"是将要应验的预言。时有传言有一个名带水旁的"李"姓人要得隋的江山，炀帝疑李洪儿当谶，面告他，并望他自行了断。

释奴　卢思道字子行。祖阳乌（渊小字）[一]。父道亮，隐居不仕。思道小字释奴，聪爽俊辩，才学兼著。左仆射杨彦荐之于朝，直中书省。周武平齐，授仪同三司。开皇初征为散骑侍郎。

注：[一]卢渊小字阳乌，见前。

龙子　卢昌衡字子均，魏尚书仆射道虔子，小字龙子。风神澹雅，容止可法，博涉经史。从弟思道小字释奴，宗中俱称英妙，故幽州为之语曰："卢家千里释奴、龙子！"齐受禅，太子舍人，迁金部郎中。

周武平齐,授司玉中士。隋开皇初拜尚书祠部侍郎,仁寿中授仪同三司,大业初征为太子詹事。(俱本传[一])

注:[一]俱本传:"洪儿"至"龙子"俱见《隋书》本传。

唐

阿买 韩退之集载《醉赠张秘书》诗:"人皆劝我酒,我若耳不闻。今日到君家,呼酒持劝君。为此座上士,及余各为文。君诗多态度,蔼蔼春空云。东野动惊俗,天葩吐奇芬。张籍学古淡,轩昂避鸡群。阿买不识字,颇知书八分。诗成使之写,亦足张吾军"云云。或问黄鲁直:"阿买是退之何人?"鲁直曰:"是退之侄。"必有据也。

阿宜 杜牧之集载《冬至日寄小侄阿宜诗》:"小侄名阿宜,未得三尺长。头圆筋骨紧,两脸明且光。去年学官人,竹马绕四廊。指挥群儿辈,意气何坚刚"云云。

添丁 卢仝生子,名曰添丁,欲为国持役也。

龟儿 白乐天集载《见小侄龟儿咏灯诗并腊娘制衣因寄行简》:"已知腊子能裁服,复报龟儿解咏灯。巧妇才人常薄命,莫教男女苦多能。"(俱本传[一])

注:[一]俱本传:"阿买"至"龟儿"俱见《旧唐书》本传。

五代

通达 李昭嗣字宇益,光武皇母弟,代州刺史克柔之假子[一],小字通达[二]。不知族姓所出,少事克柔,颇谨愿,虽形貌眇小,而精悍有胆略。位侍中、中书令。庄宗即位,赠太师、陇西郡王。

注:[一]假子:义子。

[二]通达:李昭嗣小字通达,其子继韬小字留得,父子俱传下小字。

留得 李继韬,昭嗣子,小字留得。

阳五 周德威字镇远,小字阳五,朔州马邑人。德威身长面黑,笑不改容。凡对敌列阵,凛凛然有肃杀之风。同光初追赠太师,配飨庄宗庙。

铁山 薛志勤,蔚州奉诚人,小字铁山。初为献祖帐中亲信,武皇定云中授右牙都校。后以功为大同军防御使、检校司空,乾宁初为昭义军节度使。

云郎 王都本姓刘,小字云郎,中山陉邑人。太原王王处直养为己子,后夺据父位,迁太尉、侍中。周玄豹见之曰:"王都形似鲤鱼,难免刀机。"明宗即位,加中书令。以其夺据父位,心深恶之。后以谋叛,自焚。

生铁 张敬达字志通,代州人,小字生铁。少以骑射著名。明宗即位,拜检校太保、应州节度使。清泰中自彭门移镇平阳,加检校少傅。末帝诏以敬达为北面行营都招讨使,以定州节度杨光远副焉。以军败,为安审琦、杨光远斩敬达首,以降晋。(俱《旧五代史·唐》传)

阿檀 杨光远字德明，小字阿檀[一]，其先沙陀部人也。事庄宗为骑将，明宗朝，历妫、瀛、冀、易四州刺史，累加检校少傅，将兵戍蔚州。晋高祖举义兵于太原，唐末帝遣光远与张敬达屯兵于城下，俄而契丹大至，为其所败。光远与次将安审琦杀敬达，归命高祖。少帝嗣位，册拜太师，封寿王。后谋叛逆，拉杀之。(《五代史·晋》传)

注：[一]阿檀：杨光远初名檀，唐天成中，以明宗改御名为"亶"，因偏旁字犯讳，遂改名光远，而小字仍在俗间流传，故保留了下来。

铁胡 安重荣小字铁胡，朔州人。有力，善骑射，为振武巡边指挥使。晋高祖起太原，使张颖阴招重荣。高祖即位，拜成德军节度使。后以反逆斩首，晋高祖漆其首，送于契丹。(《五代史》本传)

本朝

樵夫 赵暘，尚书右丞上交子，小字樵夫。官至著作郎。(《三朝国史》)

虎儿 苏辙字子由，生子远，小字虎儿。东坡集载《虎儿》诗云："旧闻老蚌生明珠，未省老兔生於菟。老兔自谓月中物，不骑快马骑蟾蜍。蟾蜍爬沙不肯行，坐令青衫垂白须。於菟骏猛不类渠，指挥黄熊驾黑貙。丹砂紫麝不用涂，眼光百步走妖狐。妖狐莫夸智有余，不劳摇牙咀尔徒。"(《东坡文集》)

米友仁字元晖，礼部员外郎元章子，小字虎儿[一]。位至兵部侍郎、敷文阁待制。幼年，山谷赠诗云："我有元晖古印章，印刓不忍与诸郎。虎儿笔力能扛鼎，教字元晖继阿章。"(《山谷文集》)

注：[一]虎儿：米友仁为米芾之子，世称"小米"。

梁　罗　苏迟小名梁,适小名罗,并子由子。东坡诗载《端午游真如迟适远从子由在酒局》云:"一与子由别,却数七端午。随身彩丝系,心与昌独苦。今年匹马来,佳节日夜数。儿童喜我至,典衣具鸡黍。水饼既怀乡,饭筒仍愍楚。谓言必一醉,快作西川语。宁知是官身,糟曲困薰煮。独携三子出,古刹访禅祖。高谈付梁罗(梁、罗,迟、适小名),诗律到阿虎(远小名)。[一]归来一调笑,慰此长龃龉。"(《东坡文集》)

注:[一]梁、罗、阿虎:苏辙三子迟、适(音 kuò)、远,皆有小名。三子远小字虎儿,又作"阿虎"。苏轼爱之,作诗志之。

小字录续补

序

2000年夏，正忙于撰写《释小》。治由小始，小者大之源，故小之为义至大至深。因于"小"，情有所钟。鄙陋见小，而遇小的说事，没少留心，每有所得，即摘记于纸。那时，菱湖校区新建教学楼一楼辟一大阅览室，上架新旧图书可观。仆年届古稀，并不放闲，常常光顾，一次在《四部丛刊》架前巡览，偶然发现子部三编有一本《小字录》，喜而借来阅读。此书为宋代陈思辑录，内收入唐陆龟蒙编《小名录》若干条。小字即小名，也称乳名，古称幼名，生若无名，不可分别，故生后取个幼名。《小字录》自汉魏至赵宋共录小名215个。先列历代帝王，下从汉魏至宋代，依次编排，不分爵位，每条以小字为目，下记小字事略，并注明来源，但不加评论。

唐宋人注意到小字的学术价值，尽心搜集，编辑成书，流传于世，知小名之义不小。遂作读后一文，题曰《魏晋南北朝人小名》，发表于《淮南师范学院学报》(2003年第1期)，中有一小段云：

> 小名有大学问，它是考察社会生活的一项现实资源。统观这一时期的小名，真实地反映出社会文化、宗教信仰、民间习俗的方方面面，凡此又与道德标准、价值取向、审美情趣相关。

作此题文，因这一时期所录小名多，且有特色，可由点及面，见出小名的大学问。史传、族谱、家训谨记小字，以成俗教，示不忘本。南朝宋齐梁陈开国皇帝小名皆录入本纪，宋陆游记家世先人小字，是其验。

随着阅读所及,发现《小字录》所收还不全。如《周书·明帝纪》宇文毓小名统万突,《北齐书·武成纪》武成帝高湛小字步落稽,又《上洛王思宗传》济南王小名道人,《历代帝王》下皆未录。北齐高长弼小名阿伽,段韶小名铁伐,杜弼小名辅国;北周王庆小名公奴,杨忠小名奴奴,郑伟小名阇提,李昶小名那,许孝敬小名嗣儿,等等,而"历代"下俱缺录。且唐宋人小字录不收女子小名,是一缺憾。因此,觉得应有一卷书以补不足,这就是本书之作的缘起。

《小字录》,秦前和宋后皆空白。以今而论,这就成了小字问题。《小字录》出自宋人手,断自"本朝",所以宋以后缺录是自然之理。先秦人小名缺位,难属当然之事。按中国传统礼俗,自古人人有小名,只是远古无文字,已无所考。文字产生以后,史籍或缺失,或未标明,故小名湮没无闻。观后世经史方志记载,孩子出生,先起个乳名,长大入学取一个大名,到了冠丁再取一个表字,所以自今视古,人有小名,可不言而喻。周公命子曰禽,孔子命儿曰鲤,不嫌贱物,意为易养,皆当为小名。自伯禽、孔鲤名出,世传不变,唯史传不明言为小名,故《小字录》都不收。《小字录》大例,取明言小字者,未明小字者绝少录。依小名辞例,先秦见于史传疑似小名者也不少,今不敢藏匿,虽未言明而疑似者录而续之,是非但俟诸达者。

宋后至清末,就见闻所及,故得良多,现一并续补,以求一贯。从2000年读到《小字录》,稍后订一记事本,题曰《小字录续》,初露意向,凡见到书报上一小名即记入。2003年作《魏晋南北朝人小名》一文时,便正式做出了续《小字录》的打算。2014年秋,将十多年来积累,作了一次过录,改以《小字录续补》未定稿留存,并写出了自序初稿。进入2018年,岁登米寿,觉得未定稿应当抓紧定了,于是继续书写。又从本校文学院资料室陆续借阅唐代以后的史书,收获颇丰。从立题到书写,断断续续,历时18年,多次修订,直到完稿,总算定了。所续补小字,计夏商周7,春秋战国70,汉魏88,两晋南北朝320,唐宋819,辽金98,元明清286,共得1688个小字(含少数一人两小名者)。与《小字录》收215个相比,多了近7倍。这是一份宝贵的小字资源,又是汉字与名字文化的遗存,钩沉不易,自当珍爱。所有续补小字,大多来自正史及相关文献。史录其小字,存其名而章其实;今续其小字,扩其容而成其化。嘻!续宋祖之香孩,无损帝威;补义丐之武七,有厚民俗。人情世风,历历在目;贵高贱低,津津上口。可以见小字传统,可以观社会情态,使广之为风俗,永之为名教。至若现代人小名,本书未遑著录,但愿将来有同好续而补之,以成全书。

稿成,因名之曰《小字录续补》。续者,续其无;补者,补其缺。凡已见于《小字录》者,皆不重录,其余多从《小字录》大例。谚曰:"小名喊到老,一世不烦恼。"取小名、喊小名,大有讲究,取得确,用得好,切实收效;否则,或遭耻笑,或惹麻烦,甚至有不测之祸。故于小名记之谨,喊之亲,识之真,用之慎。《小字录续补》草成,觉意犹未尽,故就手头语料,集小字故事一束,附录于后。诸凡史籍、笔记、诗话、文艺、报章,见以为可资小字之道者,皆录之以供读者便览。稿竣,成一律,以志其事,诗曰:

暑日炎炎著小名,
徜徉浩瀚事非轻。
秦前史海早多失,
汉后文山已大行。
从俗无嫌羊贱物,
迎风有贵凤高卿。

但教续补待时出,
留与人间一样情。

石云孙

2014年7月23日大暑日序于安庆师范学院书斋
2018年7月7日小暑日修订于安庆师范大学博望居

词　例

一、宋代陈思辑《小字录》,收入《四部丛刊》子部,其中转录唐陆龟蒙《小名录》数则。自汉魏至赵宋共录小字215个。按所闻见,犹有缺漏,故有此续补之作。若文繁则依义节录,遇义有难明者,加"云按"略释之。

二、唐宋小字录不收女子小名,遂有补续之作起,宋洪驹父作《侍儿小名录》三卷,王性之续一卷,黄庭坚作《侍儿小名录拾遗》,温豫作《续补侍儿小名录》,补其空白。兹遵而及之。

三、南朝宋齐梁陈四朝皇帝小名皆记入本纪。宋陆游《家世旧闻》述唐代《柳氏家训》谨记先世小字,示不忘本。陆游从而记先祖小字,惧子孙久远有不知者。后世县志也或从其教俗,兼记小名源远流长。

四、大凡人有名有字有小名。世传礼俗,孩子出生先取一个乳名,入学时取一个大名(或称学名),20岁以后取一个表字。故自古至今有多少人即有多少小名,然史谱或缺载,流失太多。虽有辑录,又有补续,但也难全,今此之作,聊备前所不足。

五、唐宋小字录,先秦空白,宋后断缺,今续补,补其所缺,续其所无,使上下一贯,存历史风教记忆。

六、自古人皆有小名,但史书绝少记录,今就文献,推详原始,疑小名,闻而摘录,盖闻疑传疑,聊供备览,以待达者博识。

七、今分时代叙录,先出小字,次录语境,并注明资料来源。

八、小名往往记其得名之由,寄长辈之望,寓时代风情,存历史烟云,具有认识作用和文化意义,此其续补之旨有存焉。

夏商周时代

文命 大禹名。夏禹,名曰文命。《正义》注引《帝王纪》云:"父鲧妻修己,见流星贯昴,梦接意感,又吞神珠薏苡,胸坼而生禹。名文命,字密,身九尺二寸长,本西夷人也。"(《史记·夏本纪》,中华书局,1959年,49页。下引本书准此)

云按:《尚书·大禹谟》:"文命敷于四海。"言大禹能以文德教命布陈于四海。"文命"之含义如此,乃后人追记。"梦接意感"而生,为得名之由,疑为初生时名,盖幼名。《礼记·檀弓上》"幼名,冠字"下孔疏云:"名以名质,生若无名,不可分别,故始生三月而加名,故云'幼名'也。"

修己 大禹母名。(《史记·夏本纪》,49页)

云按:《小字录》不收女子小名。本书补录,下仿此。

上甲 微幼名。契卒,子昭明立。……振卒,子微立。微卒,子报丁立。报丁卒,子报乙立。……子天乙立,是为成汤。(《史记·殷本纪》,92页)

云按:《索隐》注:"皇甫谧云:'微字上甲,其母以甲日生故也。'商家生子,以日为名,盖自微始。"考《礼记·曲礼上》:"名子者,不以日月。"孔疏:"不以日月者,不以甲乙丙丁为名。殷家得以为名者,殷质,不讳名故也。"殷商自上甲起,始以生日为名,因用干支记日,生于"甲"日,故名"上甲",生于"丁"日,故名"报丁",后皆照例,故以生日命名,以后世推之,乃乳名。"不以日月"为名,为周道,殷家从契至成汤共十四代,从第八代微始以生日取名,质而不讳名故。

弃 周后稷名。其母有邰氏女,曰姜原……为帝喾元妃。姜原出野,见巨人迹,心忻然说,欲践之,践之而身动如孕者。居期而生子,以为不祥,弃之隘巷,马牛过者皆辟不践;徙置之林中,适会山林多人,迁之;而弃渠中冰上,飞鸟以其翼覆荐之。姜原以为神,遂收养长之。初欲弃之,因名曰弃。(《史记·周本纪》,111页)

云按:"弃之隘巷"以下云云,是神其事。《诗经·大雅·生民》咏其事详。踏了巨人脚迹就怀孕,是神话,此子来历不明,是个弃儿,母受非议,故弃之。"初欲弃之,因名曰弃",明取名之由。盖以初生时事为名,犹后世小名。

昌 周文王名。太姜生少子季历,季历娶太任,皆贤妇人,生昌,有圣瑞。古公曰:"我世当有兴者,其在昌乎?"(《史记·周本纪》,115页)

云按:此以德命名。太公见有"圣瑞",欲令其昌盛周,故名之曰昌。初生见圣瑞取名昌,即周文王初名。

发 周武王名。服虔云:"谓若太王度德命文王曰昌,文王命武王曰发,似其有旧说也。旧说以为文王见武王之生,以为必发兵诛暴,故名曰发。"(《左桓六年传正义》,中华书局,《十三经注疏》本,1980年,1751页。下引本书准此)

云按:文王见武王初生有发兵诛暴情状,即名为发,则"发"为小名。

伯禽 周公子名。周公卒,子伯禽固已前受封,是为鲁公。(《史记·鲁周公世家》,1524页)

云按:《索隐》:"周公元子就封于鲁。"元子即长子。"伯禽","伯"为长,"禽"为名。以"禽"为名,史无明文。"禽",贱物,以后世俗为孩子取贱名推之,则为小名,义取易养。凡取动植贱物为小名者,下仿此。

春秋战国时代

宜臼 周平王名。西夷犬戎攻幽王。幽王举烽火征兵,兵莫至。遂杀幽王骊山下,虏褒姒,尽取周赂而去。于是诸侯乃即申侯而共立故幽王太子宜臼,是为平王,以奉周祀。(《史记·周本纪》,149页)

云按:宜臼,《诗经·王风·黍离》前《王城谱》作"宜咎",臼与咎音同,字异而实一。史不详取名之由,不敢妄测,说为小名,或可近之。

息姑 鲁隐公名。隐公名息姑,惠公之子。母,声子。谥法:不尸其位曰隐。(《春秋经传集解》隐公第一,1712页)

云按:息姑命名之由,《春秋左传》无说。《史记·鲁周公世家》云:"惠公卒,长庶子息摄当国,行君事,是为隐公。"称隐公名"息",《索隐》注:"《系本》隐公名息姑。"故杜注从之。"息"义为子,"息姑",或取以子作姑养。惠公嫡夫人无子,而贱妾生子为长子,贵之而恐难养,贱之故取名"息姑",从易养之俗。《左昭二十五年传》有鲁臣"夜姑",《史记·吴世家》吴王寿梦名"孰姑",皆与此取名同例。

寤生 郑庄公名。初,郑武公娶于申,曰武姜,生庄公及共叔段。庄公寤生,惊姜氏,故名曰寤生,遂恶之。(《左隐元年传》,1715页)

云按:杜注:"寐寤而庄公已生,故惊而恶之。"谓姜氏寐时生庄公,至寤时始觉其生。这是易生,不致惊而恶之,故后人多不从。明代黄生《字诂》以为寤通牾,寤生犹言逆生,现代谓之足先出,是难产,故惊母,母遂恶之。所以"寤生"是因初生时状态得名,乃小名。

同 鲁桓公子名。九月丁卯,子同生……公曰:"是其生也,与吾同物,命之曰同。"(《左桓六年传》,1749—1751页)

云按:《史记·鲁周公世家》记:"桓公六年,夫人生子,与桓公同日,故名曰同。""同物"即同日,桓公与其子庄公同是丁卯日生,故取名曰同。名始于初生日同,则庄公名同乃乳名。

友 公子友名。成季之将生也,桓公使卜楚丘之父卜之,曰:"男也,其名曰友,在公之右,间于两社,为公室辅,季氏亡,则鲁不昌。"……及生,有文在其手曰"友",遂以命之。(《左闵二年传》,1787页)

云按:将生,卜之,如是男便名"友",及生,见手上有"友"字文,遂以为名,取辅公室义,且神其事。生前后事相应,盖取为小名。

诡诸 晋献公名。晋武公,庄伯子也。……代晋二岁,卒。与曲沃通年,即位凡三十九年而卒。子献公诡诸立。(《史记·晋世家》,1640页)

申生 献公子名。太子申生,其母齐桓公女也,曰齐姜,早死。申生同母女弟为秦穆公夫人。(《史记·晋世家》,1641页)

云按:申生,晋献公嫡子,立为太子。取名申生,当代"京生""沪生"与之相类,皆小字取出生地之例。

重耳 夷吾 献公子名。晋献公又娶二女于戎,大戎狐姬生重耳,小戎子生夷吾。(《左庄二十八年传》,1781页)

云按:重耳,晋文公名;夷吾,晋惠公名。皆初生时小字。

任好 秦穆公名。成公立四年卒。子七人,莫立,立其弟缪公。(《史记·秦本纪》,185页)

云按:《索隐》注:"秦自宣公已上皆史失其名。今按:《系本》《古史考》得缪公名任好。"德公生三子,长子宣公,中子成公,少子穆公。长子宣公立,宣公卒,立其弟成公,成公卒,立其弟穆公,穆与缪通。得穆公任好名,或为初生时名。

诸儿 齐襄公名。僖公卒,太子诸儿立,是为襄公。(《史记·齐太公世家》,1483页)

云按:诸儿,盖小字。襄公立,言行无准则,为太子时,又与公孙无知结怨,终遭杀。凡以"儿"为名者俱为小名,下仿此。

无知 庄公之孙名。僖公同母弟夷仲年死。其子曰公孙无知,僖公爱之,令其秩服奉养比太子。……无知入宫,求公不得。或见人足于户间,发视,乃襄公,遂弑之,而无知自立为齐君。(《史记·齐太公世家》,1483—1484页)

云按:无知为庄公之孙,故称公孙,杀了诸儿夺了位,齐大乱,公子小白、公子纠出奔。及登位行事无状,至游于雍林,雍林人杀无知。无知如此行径,实人如其名。初名若戏,不意小可见大。

小白 齐桓公名。夏,公伐齐,纳子纠。齐小白入于齐。(《左庄九年经》,1766页)

云按:无知死,齐无君,小白先入,是谓桓公。小白母,卫女,小白似生时名。

无野 齐顷公名。秋,七月,丙子,齐侯无野卒。(《左成九年经》,1905页)

云按:无野,齐顷公名,盖小名。

仇 成师 晋穆侯子名。初,晋穆侯之夫人姜氏,以条之役生太子,命之曰仇。其弟以千亩之战生,命之曰成师。(《左桓二年传》,1743页)

云按:条,晋地;太子,文侯。名仇,"意取于战相仇怨"(杜注,下同)。成师,桓叔;千亩,地名。名成师,"意取能成其众"。取名虽异,但以战地为名则一。孔颖达正义发其得名之由云:"虽并因战为名,而所附意异。'仇',取于战相仇怨;'成师',取能成师众。缘名求义,则太子多仇怨,而成师有徒众。"皆因初生时战地为名,以作纪念,当俱为小名。

阳州 苫越子名。八年春,王正月,公侵齐,门于阳州……苫越生子,将待事而名之。阳州之役获焉,名之曰阳州。(《左定八年传》,

2141—2142页)

云按：苦越,鲁臣。阳州之战,他生了个儿子,因此战有所俘获,故以时事名子为阳州,以作纪念,当为小名。

榖於菟 子文名。初,若敖娶于䢵,生斗伯比。若敖卒,从其母畜于䢵,淫于䢵子之女,生子文焉。䢵夫人使弃诸梦(泽名)中,虎乳之。䢵子田,见之,惧而归以告,遂使收之。楚人谓乳榖,谓虎於菟,故命之曰斗榖於菟。以其女妻伯比。实为令尹子文。(《左宣四年传》,1870页)

云按：楚人方俗语把虎称作"於菟",音乌徒。於菟,为虎文貌(见王引之《春秋名字解诂》),因得虎称。杨伯峻《春秋左传注》注引焦循《补疏》据《史记义纵传》乳虎,证榖於菟为小虎之义。如此,则榖於菟为幼名,取俗小虎义。

竖牛 叔孙豹子名。初,穆子(叔孙豹)去叔孙氏,及庚宗(鲁地),遇妇人,使私为食而宿焉……梦天压己,弗胜,顾而见人,黑而上偻(音楼),深目而豭喙,号之曰："牛助余!"乃胜之。(《左昭四年传》,2036页)

云按：若干年后,穆子回到鲁国立为卿,庚宗所宿妇人携子来见,其子已长大,像梦中所见之人,未问名字,就叫"牛",牛答是。遂使为竖(小官),于是名为竖牛,盖小名。

孟丙　仲壬 叔孙豹子名。(穆子)适齐,娶于国氏,生孟丙、仲壬。(《左昭四年传》,2036页)

云按：穆子离庚宗到了齐国,又娶了国氏女,生了两个儿子,大的叫孟丙,小的叫仲壬。孟、仲示次第,丙、壬指生日,疑皆为小名。

兰 郑穆公名。郑文公有贱妾曰燕姞,梦天使与己兰(兰,香草),曰："余为伯修。余而祖也,以是为而子(以兰为汝子名)。以兰有国香,人服媚之如是。"既而文公见之,与之兰而御之。……生穆公,名之曰兰。(《左宣三年传》,1868页)

云按：燕姞梦中受天使兰花，天使说，将来以兰花为汝子名。文公见了燕姞，送给她兰花，使侍寝，生穆公，遂名为兰。以天使交代取为名，当为初生幼名。

婴儿 潞国君名。六月，癸卯，晋师灭赤狄潞氏，以潞子婴儿归。(《左宣十五年经》，1886页)

云按：潞，国名，赤狄之别种，子爵。潞子婴儿的夫人，是晋景公之姐。潞国相执政，杀了夫人，又伤了潞子的眼睛。晋国出兵，灭了潞国，杀了国相，将潞子婴儿带回来了。名为"婴儿"，当为乳名。

杵臼 陈侯名。冬，十有二月，丁丑，陈侯杵臼卒。(《左僖十二年经》，1802页)

杵臼 宋君名。冬，十有一月，宋人弑其君杵臼。(《左文十六年经》，1858页)

杵臼 齐景公名。丁丑，崔杼立庄公异母弟杵臼，是为景公。景公母，鲁叔孙宣伯女。(《史记·齐太公世家》，1502页)

杵臼 赵朔客名。赵朔客曰公孙杵臼。(《史记·赵世家》，1783页)

云按：陈宣公"杵臼"，《公羊传》作"处臼"；齐景公"杵臼"，《史记》注引徐广曰："多作箸臼。"杵、处、箸，音相近，俱为记口头音为异，实一名，似当皆为小名。《易·系辞下》："断木为杵，掘地为臼。"杵臼本此。以杵锤稻于臼使米熟，喻小儿炼就成人。

宜臼 晋靖侯名。成侯子福，是为厉侯。厉侯之子宜臼，是为靖侯。靖侯已来，年纪可推。(《史记·晋世家》，1636页)

云按：此与周平王取名同，也当为小字。

食我 叔向子名。夏，六月，晋杀祁盈及杨食我。食我，祁盈之党也，而助乱，故杀之，遂灭祁氏、羊舌氏。(《左昭二十八年传》，2118页)

云按：食我，晋臣名。食音饲，饲我，义为养我。杨，叔向邑；食我，叔向子。晋大臣叔向娶公孙巫臣女(巫臣与夏姬所生女)。巫臣女美,叔向母以为美乃尤物,足以移人,坚决反对,叔向不敢娶,晋平公强使娶之,生白石。白石为食我兄。生时,叔向母前去探视,闻其声而还,因闻是豺狼之声,说狼子野心终丧羊舌氏。杨氏,即羊舌氏,因叔向食邑于杨,故称此子为杨食我。杨食我,即羊舌食我。至杨食我被杀,灭了羊舌氏,应了叔向母之言。据此,食我盖为初生小名。

弃疾 楚平王名。(楚)公子弃疾为司马……丙辰,弃疾即位,名曰熊居。(《左昭十三年传》,2069—2070页)

去疾 莒子名。八月,莒子去疾卒。(《左昭十四年经》,2075页)

云按:疾,疾病,恶也。弃去恶即为良,寄爷娘长养心,弃疾、去疾俱为小字。楚公子弃疾即位为平王,改名居。

孰姑 吴寿梦名。秋,九月,吴子乘卒。(《左襄十二年经》,1951页)

云按:《左襄十二年传》:"秋,吴子寿梦卒。"《史记·吴太伯世家》:"王寿梦卒。"皆出"寿梦"名。《索隐》注:"《系本》曰'吴孰姑徙句吴'。宋忠曰'孰姑,寿梦也'。代谓祝梦乘诸也。寿、孰音相近,姑之言诸也,《毛诗传》读'姑'为'诸',知孰姑、寿梦是一人,又名乘也。"孰与谁音近,孰姑者,谁姑。此与"息姑""夜姑"取名相类,当为小名。

负刍 欣时 曹宣公子名。曹人使公子负刍守,使公子欣时逆曹伯之丧,秋,负刍杀其太子而自立也……子臧将亡。(《左成十三年传》,1913页)

云按:负刍与欣时,都是曹宣公庶子。欣时,《左昭二十年传》作"喜时",又《公羊成十六年传》也作"喜时",寓生时而欣喜。子臧,是喜时之字。推二人得名之由,是幼名无疑。

庚 荀林父之子名。郤伯见,公曰:"子之力也夫!"对曰:"君之训也,二三子之力也,臣何力之有焉?"范叔见,劳之如郤伯,对曰:"庚所命也,克之制也,燮何力之有焉?"(《左成二年传》,1897页)

云按:鞌之战,晋郤克率鲁、卫、曹军,打败了齐国。郤克回国,晋景公慰劳有加。当慰劳范文子时,其答称是因为荀庚的命令正确、郤克的节制有效才打了胜仗。此战,荀庚将上军,范文子为上军佐,应受命于上军将。郤克为中军帅,上军受其节制。故答称"庚所命也,克之制也"。

午 祁奚子名。祁奚请老,晋侯问嗣焉。称解狐,其雠也,将立之而卒。又问焉,对曰:"午也可。"杜注:"午,祁奚子。"(《左襄三年传》,1930页)

云按:荀庚、祁午,以天干、地支为名,承接传统民俗,庚、午皆当小字。庚者,盖庚日生;午者,午年生。

黑臀 晋成公名。宣子使赵穿逆公子黑臀于周而立之(是为成公)。(《左宣二年传》,1867页)

云按:成公,晋文公少子。《礼记·曲礼上》:"名子者,不以隐疾。"郑注:"隐疾,衣中之疾也,谓若黑臀、黑肱矣。疾在外者,虽不得言,尚可指摘。此则无时可辟,俗语云'隐疾难为医'。"又,《国语·周语下》:单襄公曰:"吾闻成公之生也,其母梦神规其臀以黑,曰'使有晋国',故名之曰'黑臀'。"观《国语》所言,成公名为天所命,盖幼名。

黑肱 郑公孙子张名。子蟜、伯有、子张从郑伯伐齐。杜注:"子张,公孙黑肱。"(《左襄十八年传》,1965页)

云按:王引之《春秋名字解诂》依杜注立有"郑公孙黑肱字子张"条,以为"舒肘,谓张两肱也",故名"肱"而字子张。黑者,两肱色黑,故取名,示其特征。

黑肱 楚公子名。壬戌,楚公子黑肱先至,成言于晋。(《左襄二十七年传》,1995页)

云按:王引之《春秋名字解诂》有"楚公子黑肱字子皙"条。皙,白皙,与黑相反相应。

黑肱 邾大夫名。冬,黑肱以滥来奔。杜注:"黑肱,邾大夫。"

(《左昭三十一年经》,2126页)

云按:以上三人皆取隐疾为名,盖初生时见而名字,当为小名。

黑要 楚令尹襄老之子名。(楚庄王以夏姬)予连尹襄老。襄老死于邲,不获其尸,其子黑要烝焉。(《左成二年传》,1896页)

云按:黑要,要读平声,义同腰,黑腰也属隐疾,取为小名。烝,下淫上之称。

黑背 卫侯弟名。春,卫侯之弟黑背,帅师侵郑。(《左成十年经》,1906页)

云按:黑背,取名与黑腰同例。

髡顽 郑成公太子名。夏,四月,郑人杀繻,立髡顽。(《左成十年传》,1906页)

云按:髡顽,郑成公太子。髡,剃去男子头发。或幼小时剃发而招人喜,取为名。

丘 孔子名。(叔梁)纥与颜氏女野合而生孔子,祷于尼丘得孔子。鲁襄公二十二年而孔子生,生而首上圩顶,故因名曰丘云。字仲尼,姓孔氏。(《史记·孔子世家》,1905页)

云按:《舆地志》云"邹城西界阙里有尼丘山",因祷于尼丘山而得孔子,故取为名,当为小名。字仲尼,有兄孟皮,居第二,则曰仲,字"尼",也因山而字。圩音乌,圩顶言顶上窊也,中低而四旁高,如宛丘之丘,以山形名。

征在 孔丘母名。《索隐》注引《孔子家语》云:"梁纥娶鲁之施氏,生九女。其妾生孟皮,孟皮病足,乃求婚于颜氏征在,从父命为婚。""颜氏有三女,小女征在。"(《史记·孔子世家》,1906页)

鲤 孔子之子名。孔子生鲤,字伯鱼。(《史记·孔子世家》,1946页)

云按:《索隐》注:《孔子家语》云:"伯鱼之生,鲁昭公使人遗之鲤鱼。夫子荣君之赐,因以名其子也。"此说得小名之由,甚白。

伯牛 孔子学生冉耕名。伯牛有疾,子问之,自牖执其手,曰:"亡之(疾甚,难活了),命矣夫!斯人也,而有斯疾也!"(《论语·雍也》,中华书局,《十三经注疏》本,1980年,2478页。下引本书准此)

云按:伯牛,冉家的大儿子,故称"伯","牛"是其小名。名耕字牛,牛与耕相应。由此知此时农业上已使用牛耕了。

牛 宋桓魋弟名。司马牛问君子,子曰:"君子不忧不惧。"(《论语·颜渊》,2503页)

云按:《史记·仲尼弟子列传》云:"司马耕,字子牛。"取名与冉伯牛一例,皆为小名。《左哀十四年传》有司马牛,杜注:"牛,桓魋弟。"牛兄桓魋将为乱,死亡无日,牛为无兄而忧,故孔子解说之。

彘 鲁孟武伯名。公会齐侯盟于蒙,孟武伯相。齐侯稽首,公拜,齐人怒,武伯曰:"非天子,寡君无所稽首。"武伯问于高柴曰:"诸侯盟,谁执牛耳?"……武伯曰:"然则彘也。"杜注:"彘,武伯名也。"(《左哀十七年传》,2179—2180页)

云按:彘(音志)义为猪,取贱物为名,为易养大,当为小名。执牛耳,主盟者,孟武伯在君前称名,自以为可执牛耳。

狗 史朝子名。(吴公子札)适卫,说蘧瑗、史狗。(《左襄二十九年传》,2008页)

云按:杜于"史狗"下注云:"史朝之子文子。"史,姓;狗,名。名子为狗,当为小名,从世俗。

鰌 卫大夫名。(吴公子札)适卫,说蘧瑗、史狗、史鰌。(《左襄二十九年传》,2008页)

云按:史鰌(音求),卫国大夫,字子鱼。其人正直,故季札称为君子。鰌,鱼名。《论语·卫灵公》:"直哉史鱼,邦有道如矢,邦无道如矢。"史鰌即史鱼。

鲋 叔向弟名。七月,丙寅,治兵于邾南,甲车四千乘,羊舌鲋摄

司马。杜注:"鲋,叔向弟。"(《左昭十三年传》,2071页)

云按:名鲋字叔鱼。鲋,小鱼,鲋与鱼相应。称"叔",示次第。

虎 叔向异母弟名。初,叔向之母妒叔虎之母美而不使(不使侍叔向父寝),其子皆谏其母,其母曰:"深山大泽,实生龙蛇。彼美,余惧其生龙蛇以祸女。"……使往视寝,生叔虎,美而有勇力,栾怀子嬖之,故羊舌氏之族及于难。(《左襄二十一年传》,1971页)

云按:羊舌虎,叔向弟,字叔黑,又叫叔虎,晋大夫。栾盈有罪于晋,晋诛羊舌虎等十人,皆栾盈之党。以虎、黑为名字,当为小名。

鲂 楚公子名。吴伐楚,阳匄为令尹,卜战不吉,司马子鱼曰:"我得上流,何故不吉?"……战于长岸,子鱼先死,楚师继之,大败吴师。(《左昭十七年传》,2084—2085页)

云按:楚公子名鲂,字子鱼。在长岸之战中任司马,先战死。他的部属继续前进,大败吴师,获得胜利。长岸谓今安徽当涂之西梁山,与和县之东梁山相对,也称天门山。鲂,鱼名,体型呈编,即武昌鱼,与字子鱼相应。

鮀 卫臣名。(孔)子言卫灵公之无道也,康子曰:"夫如是,奚而不丧?"孔子曰:"仲叔圉治宾客,祝鮀治宗庙,王孙贾治军旅,夫如是,奚其丧?"(《论语·宪问》,2512页)

云按:言卫灵公虽无道,然所用三人各当其才,故不亡。祝鮀,《左传》作"祝佗"(定四年传),鮀、佗音同字异,实一人,今从《论语》。鮀,鱼类,故字子鱼。

鱣 孔子弟子名。梁鱣字叔鱼,少孔子二十九岁。(《史记·仲尼弟子列传》,2218页)

云按:《集解》:"鱣"(音沾),一作"鲤"。齐人。鱣,鳢鱼,与字叔鱼相应。

虿 郑公孙名。郑六卿公子騑、公子发、公子嘉、公孙辄、公孙虿、

公孙舍之及其大夫门子,皆从郑伯。(《左襄九年传》,1943页)

虿 齐公孙名。秋九月,齐公孙虿、公孙灶放其大夫高止于北燕。(《左襄二十九年传》,2009页)

云按:郑卿公孙虿,字子蟜。齐公孙虿,字子尾。虿,毒虫;蟜也是毒虫。名虿字子蟜、子尾,皆名与字相对应。

豹 陈族人名。初,陈豹欲为子我(阚止)臣,使公孙言已,已有丧而止,既而言之,曰:"有陈豹者,长而上偻,望视,事君子必得志。欲为子臣,吾惮其为人也。"(《左哀十四年传》,2173页)

云按:据《春秋分记世谱二》云:"陈豹,字子皮。"俚语说:"豹死留皮,人死留名。"名豹字子皮,名与字相应。春秋人以"豹"名者,还有鲁臣叔孙豹,晋臣栾豹、郤豹,宋臣华豹,卫臣齐豹,盖皆自小取为名,寓勇猛义。古人以贱物为小名,取容易养大,以上所举麁、狗、虿、豹皆其例,甚至"卫侯、魏公子、楚太子皆名虮虱"(颜之推《颜氏家训·风操》),以为"古之所行,今之为笑也"。古俗所尚,不以为笑。

乙 楚臣名。江乙说于安陵君曰:"君无咫尺之地,骨肉之亲,处尊位,受厚禄。"(《战国策·楚策一》,齐鲁书社,2005年,149页。下引本书准此)

辛 楚臣名。庄辛谓楚襄王曰:"君王左州侯,右夏侯,辇从鄢陵君与寿陵君,专淫逸侈靡,不顾国政,郢都必危矣。"(《战国策·楚策四》,173页)

丁 赵臣名。富丁欲以赵合齐、魏,楼缓欲以赵合秦、楚。富丁恐主父之听楼缓而合秦、楚也。(《战国策·赵策三》,214页)

丑 魏臣名。张仪走之魏,魏将迎之。张丑谏于王,欲勿内,不得于王。张丑退。(《战国策·魏策一》,251页)

卯 魏臣名。芒卯应赵使曰:"敝邑所以事大王者,为完邺也。今效邺者,使者之罪也,卯不知也。"(《战国策·魏策三》,268页)

午 赵相国名。大成午从赵来,谓申不害于韩曰:"子以韩重我于赵,请以赵重子于韩,是子有两韩,而我有两赵也。"(《战国策·韩策一》,293页)

申 梁太子名。田忌为齐将,系梁太子申,禽庞涓。(《战国策·齐策一》,94页)

亥 侯生客名。侯生下见其客朱亥,俾倪故久立,与其客语,微察公子。(《史记·魏公子列传》,2378页)

胡亥 秦始皇子名。行从直道至咸阳,发丧。太子胡亥袭位,为二世皇帝。(《史记·秦始皇本纪》,265页)

羊 魏将名。乐羊为魏将,攻中山。其子时在中山,中山君烹之,作羹致于乐羊。乐羊食之。古今称之。(《战国策·中山策》,376页)

云按:以上皆以天干、地支或对应的属相为名,依习俗,疑皆为小名。下仿此。

正 秦始皇名。秦始皇帝者,秦庄襄王子也。庄襄王为秦质子于赵,见吕不韦姬,悦而取之,生始皇。以秦昭王四十八年正月生于邯郸。及生,名为政。(《史记·秦始皇本纪》,223页)《集解》注:徐广曰:"一作'正'。"宋忠云:"以正月旦生,故名正。"

云按:始皇生于正月旦(即正月初一),故名"正",当为初生名。

汉魏时代

季 汉高祖小字。高祖,沛丰邑中阳里人,姓刘氏,字季。父曰太公,母曰刘媪。(《史记·高祖本纪》,341页)

云按:《索隐》云:"高祖小字季,即位易名邦,后因讳邦不讳季,所以季布犹称姓也。""古者讳名不讳字"(《左桓六年传正义》,1751页),包括小字。后世讳"邦"不讳"季",即从古礼,称"季布"就是不讳小字之验。

彘 汉武帝幼名。景帝梦见一个赤彘,从天空中降下……王美人得生一子,英声初试,便是不凡。景帝尝梦见高祖,叫他生子名彘,又因前时梦彘下降,遂取王美人子为彘。嗣因彘字取名,究属不雅,乃改名为彻。(蔡东藩《前汉演义》第五十六回)

弗陵 汉昭帝乳名。孝昭皇帝,武帝少子也。母曰赵倢伃,本以有奇异得幸,及生帝,亦奇异。(《汉书·昭帝纪》,中华书局,1962年,217页。下引本书准此)

称赵女为钩弋夫人,亦名拳夫人。过了年余,钩弋夫人有娠,阅十四月始生一男,取名弗陵,进钩弋夫人为婕妤。(蔡东藩《前汉演义》第七十六回)

病已 汉宣帝小字。"孝武皇帝曾孙病已,有诏掖庭养视,至今年十八,师受《诗》《论语》《孝经》,操行节俭,慈仁爱人,可以嗣孝昭皇帝后,奉承祖宗,子万姓。"奏可。(《汉书·宣帝纪》,238页)

云按:为何取名"病已",颜师古注云:"盖以凤遭屯难而多病苦,故名病已,欲其速差也。后以为鄙,更改讳询。"生数月,遭巫蛊事,父、祖及家人皆遇害,已身也系狱,得廷尉监丙吉护养得以长成。蔡东藩《前汉演义》第八十一回:"昭帝元凤三年(前78)正月间……上林中大柳已死,忽然重生。柳叶上虫食成文……乃是'公孙病已立'五字。"虽属谶讳,而所言果验,九死一生得立为帝,"病已"乃初名无疑。

太孙 汉成帝小字。孝成皇帝,元帝太子也。母曰王皇后,元帝在太子宫生甲观画堂,为世嫡皇孙。宣帝爱之,字曰太孙,常置左右。(《汉书·成帝纪》,301页)

云按:成帝名骜,字太孙。甲观,观名。画堂,堂名。太子生于此。"字太孙",太孙为小字。

发 长沙王小字。长沙定王发,母唐姬,故程姬侍者。景帝召程姬,程姬有所避,不愿进,而饰侍者唐儿使夜进。上醉,不知,以为程姬而幸之,遂有身,已乃觉非程姬也。及生子,因名曰发。(《汉书·景十三王传》,2426页)

云按:长沙王生,发悟谬幸唐姬,故名为"发",乃乳名。

娥姁 吕雉小字。高皇后吕氏,生惠帝。佐高祖定天下。师古注:"吕后名雉,字娥姁,故臣下讳雉也。"(《汉书·高后纪》,95页)

云按:蔡东藩《前汉演义》第十一回:"吕公入告妻室,已将娥姁许配刘季,娥姁即吕女小字,单名为雉。"臣下讳雉则不讳娥姁可知,也从古礼。

姁儿 胶东王太后名。四月乙巳,立胶东王太后为皇后。丁巳,立胶东王为太子,名彻。《索隐》云:"按系家,太后槐里人,父仲。兄信,封盖侯。后故金氏妻女弟姁儿也。"(《史记·孝景本纪》,444页)

云按:姁儿,当为小名。

阿娇 陈皇后小字。皇后陈氏废。捕为巫蛊者,皆枭首。(《汉书·武帝纪》,164页)若得阿娇作妇,当作金屋贮之。(《汉武故事》)

云按:阿娇,景帝姐长公主之女。长公主适陈午。陈皇后名阿娇,乃小名。

缇萦 太仓令女名。齐太仓令淳于公有罪当刑……其少女缇(音啼)萦……上书曰:"妾父为吏,齐中皆称其廉平,今坐法当刑……妾愿没入为官婢,赎父刑罪,使得自新。"(《史记·孝文本纪》,427页)

云按:书奏,天子怜悲其意,下诏废肉刑法。《史记》有《扁鹊仓公列传》,仓公即太仓令淳于公,善医道,少女善尺牍,父得赦归家。天子为除肉刑法,缇萦功不小。

羲娥 伏生女小名。孝文时,天下亡治《尚书》者,独闻齐有伏生,故秦博士,治《尚书》,年九十余,老不可征。乃诏太常,使人受之。太常遣错受《尚书》伏生所。(《汉书·晁错传》,2277页)

幸亏伏生有一女儿,名叫羲娥,凤秉父传,颇通《尚书》大义。当伏生讲授时,伏女立在父侧,依着父言,逐句传译,错才能领悟大纲。(蔡东藩《前汉演义》第五十回)

云按:伏生年老齿落,又有方言隔阂,得伏女从旁传译,晁错才能领悟。《尚书》流传后世,羲娥功不可没。

子夫 孝武卫皇后字。孝武卫皇后字子夫,生微也。其家号曰卫氏,出平阳侯邑。(《汉书·外戚传上》,3949页)

云按:考传记,自古女子存名者少,多称氏,如施氏、周氏、彤鱼氏、方雷氏等等。即有名,也绝少取表字,如黄帝正妃嫘祖,次妃嫫母,帝喾妃庆都,帝尧女娥皇、女英,孔子母征在等,未闻有表字,故凡女子称字者,盖都为小字。子夫称字是其验。子者,嘉美之号;夫者,男子之称;子夫者,以女作男养,贵之。

钩弋 孝武婕妤名。孝武钩弋赵婕妤,昭帝母也,家在河间。武帝巡狩过河间,望气者言此有奇女,天子亟使使召之。既至,女两手皆拳,上自披之,手即时伸。由是得幸,号曰拳夫人。(《汉书·外戚传上》,3956页)

钩弋夫人,系河间赵氏女……艳丽绝伦,但两手向生怪病,拳曲不开……乃武帝自与披展,随手伸开,见掌中握着玉钩,很为惊异。于是载入后车,将她带回。既入宫中,便即召幸……当即特辟一室,使她居住,号为钩弋宫……称赵女为钩弋夫人,亦名拳夫人。(蔡东藩《前汉演义》第七十六回)

云按:观"女两手皆拳",伸开见玉钩,盖由此名为钩弋,当属小名。

少夫 女医淳于衍字。女医淳于衍者,霍氏所爱,尝入宫侍皇后疾。衍夫赏为掖庭户卫,谓衍:"可过辞霍夫人(霍老夫人)行,为我求安池监。"衍如言报显(霍夫人名)。显因生心,辟左右,字谓衍:"少夫幸报我以事,我亦欲报少夫,可乎?"(《汉书·外戚传上》,3966页)

云按:淳于衍字少夫,霍光夫人"字谓衍",即称衍字说,亲而有求于少夫,欲使下药谋杀许皇后,让自己小女得皇后位。此少夫字,似为小字。

宜主 合德 赵飞燕姐妹名。上(成帝)见飞燕而说之,召入宫,大幸。有女弟复召入,俱为倢伃,贵倾后宫。(《汉书·外戚传下》,3988页)

母……孪生二女……长名宜主,次名合德。……宜主身材袅娜……时人看她状似燕子,因号飞燕。合德肌肤莹泽,出水不濡,与乃姊肥瘠不同,但也是个绝世娇娃,凑成两美。(蔡东藩《前汉演义》第九十三回)

云按:飞燕初生时,父母弃诸郊外,三日不死,乃收养之。及壮,属阳阿主家,学歌舞,状似燕子,故号曰飞燕。

君侠 政君 君力 君弟 王禁四女名。翁孺生禁,字稚君……禁有大志,不修廉隅,好酒色,多取傍妻,凡有四女八男:长女君侠,次即元后政君,次君力,次君弟……母,適妻,魏郡李氏女也。后以妒去,更嫁为河内苟宾妻。(《汉书·元后传》,4014—4015页)

云按：父禁字稚君，四女名中皆有"君"字，讳名不讳字。君者，美号，名之曰某君，亲而喜之也。皆当为幼名。

去病 霍去病名。霍去病，大将军青姊少儿子也。其父霍仲孺先与少儿通，生去病。及卫皇后尊，少儿更为詹事陈掌妻。去病以皇后姊子，年十八为侍中。（《汉书·霍去病传》，2478页）

云按：病，恶也，除去病即康复，义取于此。与"去疾""弃疾"之类名同例，义取易养长。

少儿 霍去病母字。卫媪长女君孺，次女少儿，次女则子夫。（《汉书·卫青传》，2471页）

云按：少儿为卫女次女，子夫姐，名为少儿，当为小字。

仲 彭越小字。彭越字仲，昌邑人也。常渔巨野泽中，为盗。（《汉书·彭越传》，1878页）

云按：蔡东藩《前汉演义》第十八回："越小字为仲，向在巨鹿泽中，捕鱼为业。"可资证。

颓当 韩王信子名。（韩王）信之入匈奴，与太子俱。及至颓当城，生子，因名曰颓当。（《史记·韩信卢绾列传》，2635页）

云按：颓当，县名，在匈奴地，在此地生一子，即以地名为颓当，示纪念，乃小字之例。

丝 袁盎小字。袁盎者，楚人也，字丝。（《史记·袁盎晁错列传》，2737页）盎……徙为吴相。辞行，种谓盎曰："吴王骄日久，国多奸，今丝欲刻治，彼不上书告君，则利剑刺君矣。"（《汉书·爰盎传》，2271页）

云按：种为盎侄，称叔父字曰丝，直言不讳，从讳名不讳字之礼。"字丝"与字仲同例，当为小字。

彭祖 赵敬肃王名。赵敬肃王彭祖以孝景前二年立为广川王。赵王遂反破后，徙王赵。（《汉书·景十三王传》，2419页）

彭祖 陆终子名。吴回生陆终。陆终生子六人,坼剖而产焉……三曰彭祖。(《史记·楚世家》,1690页)

彭祖 张安世子名。(张)贺有一子蚤死,无子,子安世小男彭祖。彭祖又小与上同席研书,指欲封之,先赐爵关内侯。(《汉书·张汤传》,2651页)

彭祖 直不疑孙名。直不疑,南阳人也。为郎,事文帝……不好立名,称为长者。薨,谥曰信侯。传子至孙彭祖。(《汉书·直不疑传》,2202—2203页)

彭祖 严彭祖名。严彭祖字公子,东海下邳人也。与颜安乐俱事眭孟。孟弟子百余人,唯彭祖、安乐为明。(《汉书·儒林传》,3616页)

彭祖 张彭祖名。宣帝时,侍中中郎将张彭祖少与帝微时同席研书,及帝即尊位,彭祖以旧恩封阳都侯,出常参乘,号为爱幸。(《汉书·佞幸传》,3721页)

云按:《列仙传》:"彭祖,殷大夫也,历夏至商末,寿年七百。"汉朝人取名彭祖者如此之多,为求长寿,寓长辈之望,自为小字。小字有用到老者直以小字名世。

延寿 千秋 张安世子名。(张)安世子千秋、延寿、彭祖,皆中郎将侍中。(《汉书·张汤传》,2648页)

云按:张家名三子千秋、延寿、彭祖,俱取长寿义,名不同而义则一。《尚书·洪范》言五福,第一福便是"寿"。世俗相传,孩子出生,取一个福名,寿为首选。汉俗习常,故此类小名屡见。下仿此。

千秋 车千秋名。车千秋,本姓田氏,其先齐诸田徙长陵。……会卫太子为江充所谮败,久之,千秋上急变讼太子冤。(《汉书·田千秋传》,2883页)

延年 严延年名。严延年字次卿,东海下邳人也。其父为丞相掾,延年少学法律丞相府。(《汉书·酷吏传》,3667页)

云按：东海严彭祖即严延年弟。兄弟二人取名与张安世名三子名趋同。

延年 杜周少子名。始周为廷史……治皆酷暴，唯少子延年行宽厚云。(《汉书·杜周传》，2661页)

延年 田延年名。田延年字子宾，先齐诸田也，徙阳陵。延年以材略给事大将军莫府。(《汉书·酷吏传》，3665页)

延年 李延年名。李延年，中山人，身及父母兄弟皆故倡也。延年坐法腐刑，给事狗监中。女弟得幸于上，号李夫人。(《汉书·佞幸传》，3725页)

延寿 甘延寿名。甘延寿字君况，北地郁郅人也。……以材力爱幸。稍迁至辽东太守。(《汉书·甘延寿传》，3007页)

延寿 韩延寿名。韩延寿字长公，燕人也，徙杜陵。……延寿为吏，上礼义，好古教化。(《汉书·韩延寿传》，3210—3211页)

延寿 张延寿名。(杨)恽语富平侯张延寿曰："闻前曾有奔车抵殿门，门关折，马死，而昭帝崩。今复如此，天时，非人力也。"左冯翊韩延寿有罪下狱，恽上书讼延寿。(《汉书·杨敞传》，2891页)

延寿 鯀(音婆)延寿名。后丞相司直鯀延寿奏："侍中谒者良使承制诏望之，望之再拜已。"(《汉书·萧望之传》，3280页)

云按：延寿与延年取名寓意同，皆幼名行世，至老不改。

幼公 陈万年小字。陈万年字幼公，沛郡相人也。为郡吏……万年廉平，内行修，然善事人。(《汉书·陈万年传》，2899页)

云按：万年与幼公，名与字相对应。字幼公与字丝一例，则小字可知。

弄儿 金日磾长子名。(金)日磾子二人皆爱，为帝弄儿，常在旁侧。弄儿或自后拥上项，日磾在前，见而目之。……弄儿即日磾长子也。(《汉书·金日磾传》，2960页)

云按：以"儿"名者，为小名之例。

文叔 汉光武小字。世祖光武皇帝讳秀，字文叔，南阳蔡阳人，高祖九世之孙也。(《后汉书·光武帝纪》，中华书局，1965年，1页。下引本书准此)

云按：蔡东藩《后汉演义》第二十回："诸母相与絮语道：文叔少时谨信，与人交际，无甚款曲。"蔡氏于"文叔"下夹注云："光武帝小字。"又二十一回帝姐湖阳长公主说："文叔为布衣时，藏匿亡命，吏役不敢至门。"诸母、姐呼晚辈小名，是世俗之常，也是亲情所归。

史侯 皇子辩名。灵思何皇后讳某，南阳宛人。……生皇子辩，养于史道人家，号曰史侯。(《后汉书·皇后纪下》，449页)

云按：道人谓道术之人。章怀注引《献帝春秋》曰："灵帝数失子，不敢正名，养道人史子眇家，号曰史侯。"养道人家求易养。史侯盖小字。"讳某"者，史失其名。

董侯 皇子协名。时王美人任娠……四年，生皇子协，后遂鸩杀美人。帝大怒，欲废后，诸宦官固请得止。董太后自养协，号曰董侯。(《后汉书·皇后纪下》，449—450页)

云按：协即位为献帝。灵帝以帝似己，故名协，协，合也。董侯，乃董太后养时所号小字。

丽华 光武阴皇后名。光烈阴皇后讳丽华，南阳新野人。初，光武适新野，闻后美，心悦之。……因叹曰："……娶妻当得阴丽华。"(《后汉书·皇后纪上》，405页)

女莹 桓帝梁皇后名。桓帝懿献梁皇后讳女莹，顺烈皇后之女弟也。(《后汉书·皇后纪下》，443页)

猛女 桓帝邓皇后名。桓帝邓皇后讳猛女，和熹皇后从兄子邓香之女也。(《后汉书·皇后纪下》，444页)

云按：三皇后丽华、女莹、猛女，疑皆为乳名。

义王 光武女名。皇女义王,建武十五年封舞阳长公主,适陵乡侯太仆梁松。(《后汉书·皇后纪下》附《皇女纪》,458页)

红夫 光武女名。皇女红夫,十五年封馆陶公主,适驸马都尉韩光。(《后汉书·皇后纪下》附《皇女纪》,458页)

奴 明帝女名。皇女奴,三年封平阳公主,适大鸿胪冯顺。(《后汉书·皇后纪下》附《皇女纪》,459页)

云按:俗以"奴"为小名,取贱而易养。下仿此。

小姬 明帝女名。皇女小姬,十二年封平皋公主,适昌安侯侍中邓蕃。(《后汉书·皇后纪下》附《皇女纪》,459页)

小迎 明帝女名。皇女小迎,元年封乐平公主。(《后汉书·皇后纪下》附《皇女纪》,460页)

小民 明帝女名。皇女小民,元年封成安公主。(《后汉书·皇后纪下》附《皇女纪》,460页)

男 章帝女名。皇女男,建初四年封武德长公主。(《后汉书·皇后纪下》附《皇女纪》,460页)

王 章帝女名。皇女王,四年封平邑公主,适黄门侍郎冯由。(《后汉书·皇后纪下》附《皇女纪》,460页)

吉 章帝女名。皇女吉,永元五年封阴安公主。(《后汉书·皇后纪下》附《皇女纪》,461页)

保 和帝女名。皇女保,延平元年封修武长公主。(《后汉书·皇后纪下》附《皇女纪》,461页)

成 和帝女名。皇女成,元年封共邑公主。(《后汉书·皇后纪下》附《皇女纪》,461页)

利 和帝女名。皇女利,元年封临颍公主,适即墨侯侍中贾建。(《后汉书·皇后纪下》附《皇女纪》,461页)

兴 和帝女名。皇女兴,元年封闻喜公主。(《后汉书·皇后纪

下》附《皇女纪》,461页)

生 顺帝女名。皇女生,永和三年封舞阳长公主。(《后汉书·皇后纪下》附《皇女纪》,461页)

成男 顺帝女名。皇女成男,三年封冠军长公主。(《后汉书·皇后纪下》附《皇女纪》,461页)

广 顺帝女名。皇女广,永和六年封汝阳长公主。(《后汉书·皇后纪下》附《皇女纪》,462页)

华 桓帝女名。皇女华,延熹元年封阳安长公主,适不其侯辅国将军伏完。(《后汉书·皇后纪下》附《皇女纪》,462页)

坚 桓帝女名。皇女坚,七年封颍阴长公主。(《后汉书·皇后纪下》附《皇女纪》,462页)

修 桓帝女名。皇女修,九年封阳翟长公主。(《后汉书·皇后纪下》附《皇女纪》,462页)

云按:以上诸皇女,疑当皆为小字,双字少而单字多。东汉忌二名,故小名多单字。

胡狗 梁不疑子小字。不疑好经书,善待士,冀阴疾之,因中常侍白帝,转为光禄勋。又讽众人共荐其子胤为河南尹。胤一名胡狗,时年十六,容貌甚陋。(《后汉书·梁统传》,1185页)

云按:不疑为梁冀弟。其子名胤,一名胡狗,则胡狗为小字。

威豪 赵苞小字。赵苞字威豪,甘陵东武城人。……苞母及妻子遂为所劫质,载以击郡。……贼出母以示苞,苞悲号……母遥谓曰:"威豪,人各有命,何得相顾,以亏忠义!"……苞即时进战,贼悉摧破。(《后汉书·赵苞传》,2692页)

云按:母呼儿"威豪"字,乃小名。

益恩 郑玄子名。玄唯有一子益恩,孔融在北海,举为孝廉。及融为黄巾所围,益恩赴难陨身。(《后汉书·郑玄传》,1212页)

小同 郑玄孙名。(益恩)有遗腹子,玄以其手文似己,名之曰小同。(《后汉书·郑玄传》,1212页)

关内侯郑小同,温恭孝友,帅礼不忒。其以……小同为五更。(《三国志·魏书·三少帝纪》,中华书局,1959年,142页。下引本书准此)

云按:裴松之注引《玄别传》曰:"玄有子,为孔融吏,举孝廉。融之被围,往赴,为贼所害。有遗腹子,以丁卯日生。而玄以丁卯岁生,故名曰小同。"小同得名有二说,一说祖孙手文相似,一说祖孙日生、岁生相同,兹并录之,以存史记。

女王 文德郭皇后名。文德郭皇后,安平广宗人也。祖世长吏。后少而父永奇之曰:"此乃吾女中王也。"遂以女王为字。(《三国志·魏书·后妃传》,164页)

云按:女王父名郭永,官至南郡太守,母姓董氏,即堂阳君,生三男二女,女王为小女,文帝立为皇后。

彭祖 燕王宇字。燕王宇字彭祖。建安十六年,封都乡侯。……太和六年,改封燕王。(《三国志·魏书·武文世王公传》,582页)

朱虎 楚王彪字。楚王彪字朱虎。建安二十一年,封寿春侯。……太和六年,改封楚。(《三国志·魏书·武文世王公传》,586—587页)

云按:据《三国志·魏书·王凌传》注引《魏略》:"又有谣言:'白马素羁西南驰,其谁乘者朱虎骑。'楚王小字朱虎。""燕王宇字彭祖"与"楚王彪字朱虎",词例同,彭祖为小字,从可知。

阿稣 秦朗小字。遣骁骑将军秦朗将中军讨之,虏乃走漠北。(《三国志·魏书·明帝纪》,100页)

云按:裴松之注引《魏略》曰:明帝每顾问之,多呼其小字阿稣,数加赏赐。

胡车儿 张绣所亲名。张绣,武威祖厉人,骠骑将军济族子也。……太祖纳济妻,绣恨之。……绣掩袭太祖。太祖军败,二子没。(《三国志·魏书·张绣传》,262页)裴松之注引《傅子》曰:"绣有所亲胡车儿,勇冠其军。太祖爱其骁健,手以金与之。绣闻而疑太祖欲因左右刺之,遂反。"

云按:以"儿"为名,盖小字之例。

奴寇　婴子　黠奴　卢儿　臧霸字宣高,泰山华人也。……黄巾起,霸从陶谦击破之,拜骑都尉。遂收兵于徐州,与孙观、吴敦、尹礼等并聚众……每有军事,(文)帝常咨访焉。(《三国志·魏书·臧霸传》,536—538页)裴松之注引《魏略》曰:"霸一名奴寇。孙观名婴子。吴敦名黠奴。尹礼名卢儿。"

云按:以"奴""子""儿"为名,盖皆为小字。

默　曹爽小字。(张)当陈爽与晏等阴谋反逆……于是收爽……晏……皆伏诛,夷三族。(《三国志·魏书·诸夏侯曹传》,288页)裴松之注引《魏略》曰:"于时谤书,谓台中有三狗,二狗崖柴不可当,一狗凭默作疽囊。三狗,谓何(晏)、邓(飏)、丁(谧)也。默者,爽小字也。"

云按:言三狗皆欲啮人,而丁尤甚。

鸯　文钦中子小名。(文)钦不知,果夜来欲袭艾等,会明,见大军兵马盛,乃引还。(《三国志·魏书·毋丘俭传》,765页)裴松之注引《魏氏春秋》曰:"钦中子俶,小名鸯。"

鹞鸱　胡烈儿渊小字。会帐下督丘建本属胡烈。(《三国志·魏书·钟会传》,792页)裴松之注引《晋诸公赞》曰:"胡烈儿名渊,字世元……小字鹞鸱。"

阿斗　蜀后主小字。后主讳禅,字公嗣,先主子也。(《三国志·蜀书·后主传》,893页)云身抱弱子,即后主也,保护甘夫人,即后主母也,皆得免难。(《三国志·蜀书·赵云传》,948页)云自思曰:

"主公将甘、糜二夫人与小主人阿斗,托付在我身上……"糜夫人曰:"妾身委实难去,休得两误。"乃将阿斗递与赵云。(《三国演义》第四十一回)

云按:《后主传》出后主名与字,《赵云传》只说"抱弱子",至《三国演义》才点明"弱子"为阿斗,夫人将阿斗递与赵云。乃长辈行事,当为小名。

长生 关羽字。关羽字云长,本字长生,河东解人也。(《三国志·蜀书·关羽传》,939页)

云按:本字长生,乃小字之例。

郁生 陆绩女名。陆绩字公纪,吴郡吴人也。……出为郁林太守。(《三国志·吴书·陆绩传》,1328页)裴松之注:"绩于郁林所生女,名曰郁生,适张温弟白。"

云按:以地名女以纪念,属小字之例。

两晋南北朝时代

沙门 愍怀太子小字。愍怀太子遹字熙祖……童谣又曰:"南风起兮吹白沙……"南风,后名。沙门,太子小字也。(《晋书·愍怀太子传》,中华书局,1974年,1457—1460页。下引本书准此)

蒜子 褚皇后字。康献褚皇后讳蒜子,河南阳翟人也。(《晋书·康献褚皇后传》,975页)

男胤 武帝杨皇后小字。武悼杨皇后讳芷,字季兰,小字男胤,元后从妹。父骏。(《晋书·武悼杨皇后传》,955页)

峕 惠帝贾皇后小名。惠贾皇后讳南风,平阳人也,小名峕。(《晋书·惠贾皇后传》,963页)

铜环 元帝太妃小字。元夏侯太妃名光姬,沛国谯人也。祖威……父庄……生元帝……初有谶云:"铜马入海建业期。"太妃小字铜环,而元帝中兴于江左焉。(《晋书·元夏侯太妃传》,968—969页)

法倪 穆帝何皇后小字。穆章何皇后讳法倪,庐江潜人也。父准。(《晋书·穆章何皇后传》,977页)

阿春 简文郑太后小名。简文宣郑太后讳阿春,河南荥阳人也。……祖合……父恺。(《晋书·简文宣郑太后传》,979页)

云按:法倪、阿春皆小名。

惠风 王衍女名。愍怀太子妃王氏,太尉衍女也,字惠风。贞婉有志节。(《晋书·列女传》,2511页)

丽华 丽芳 刘殷女字。刘聪妻刘氏,名娥,字丽华,伪太保殷女也。幼而聪慧……其姊英,字丽芳,亦聪敏涉学……初与娥同召拜

左贵嫔。(《晋书·列女传》,2519—2520页)

云按:女子字某某者,乃小字之例,下仿此。

元妃　季妃　段仪女字。慕容垂妻段氏,字元妃,伪右光禄大夫仪之女也。少而婉慧,有志操,常谓妹季妃曰:"我终不作凡人妻。"季妃亦曰:"妹亦不为庸夫妇。"邻人闻而笑之。……姊妹俱为垂、德之妻,卒如其志。(《晋书·列女传》,2524页)

云按:垂为后燕主,德为范阳王。

若兰　窦滔妻字。窦滔妻苏氏,始平人也,名蕙,字若兰。善属文。(《晋书·列女传》,2523页)

僧要　僧韶　谢尚女名。殷觊、庾恒并是谢镇西外孙。(《世说新语·轻诋27》)注:"《谢氏谱》曰:尚长女僧要适庾龢,次女僧韶适殷歆。"

女宗　王恬女字。桓车骑不好著新衣,浴后,妇故送新衣与。车骑大怒,催使持去。(《世说新语·贤媛24》)注:"《桓氏谱》曰:冲娶琅邪王恬女,字女宗。"

女皇　女正　袁彦道(耽)二妹名。袁彦道有二妹,一适殷渊源,一适谢仁祖。(《世说新语·任诞37》)注:"《袁氏谱》曰:耽大妹名女皇,适殷浩,小妹名女正,适谢尚。"

云按:谢尚二女和袁耽二妹名,当皆为小字。

三寿　庾琮女字。王长史是庾子躬外孙。(《世说新语·赏誉40》)注:"《王氏谱》曰:濛父讷娶颍川庾琮之女,字三寿也。"

阿恒　孙绰女字。既成婚,女之顽嚣,欲过阿智,方知兴公之诈。(《世说新语·假谲12》)注:"阿智,王处之小字。娶太原孙绰女,字阿恒。"

马头　周岜女名。郗嘉宾丧,妇兄弟欲迎妹还,终不肯归。(《世说新语·贤媛29》)注:"《郗氏谱》曰:超娶汝南周岜女,名马头。"

僧首　王永言女字。羊孚弟娶王永言女。(《世说新语·文学62》)注:"孚弟,辅也。《羊氏谱》曰:辅字幼仁,泰山人。娶琅邪王讷之女,字僧首。"

樱桃　石虎后小字。郑后小字樱桃,本为晋尢从仆射郑世达家歌妓,没入襄国。虎见她妖冶绝伦,即纳为己妾。(蔡东藩《两晋演义》第四十五回)

娀娥　训英　符谟女名。慕容熙……暗嘱左右幸臣,采选美人儿入宫。凑巧有一对姊妹花……讯明姓氏,方知是前中山尹苻谟女儿,长名娀娥,次名训英。(蔡东藩《两晋演义》第八十七回)

官奴　王献之小字。王献之,字子敬,小字官奴。王羲之之子,书法家。(杨扬《汉语人名文化放谈》,新华出版社,2004年,354页。下引本书准此)

虎头　顾恺之小字。顾恺之,字长康,小字虎头。东晋画家。(《汉语人名文化放谈》,366页)

云按:《红楼梦》第二回贾雨村谈"正邪二气"时提到:"如前代之许由、陶潜、阮籍、嵇康、刘伶、王谢二族、顾虎头、陈后主、唐明皇、宋徽宗。"列入"顾虎头",则出以小名,甚别致。

静　皇甫谧幼名。皇甫谧字士安,幼名静,安定朝那人,汉太尉嵩之曾孙也。(《晋书·皇甫谧传》,1409页)

虎　袁彦伯小字。袁彦伯为吏部郎,子敬与郗嘉宾书曰:"彦伯已入。"(《世说新语·品藻79》)

云按:张万起、刘尚慈《世说新语译注》:"袁宏字彦伯,小字虎。"

阿皮　义阳王威小字。义阳王威尝入宫夺玺,惠帝记在心中,至是语廷臣道:"阿皮可恨!夺我玺绶,致挼我指,不可不杀。"阿皮为威小字。因即遭诛。(蔡东藩《两晋演义》第十三回)

阿巢　殷颢小字。殷少而率悟,庾每不推,尝俱诣谢(安),谢公熟视殷,曰:"阿巢故似镇西。"(《世说新语·轻诋 27》)注:"巢,殷颢小字也。"

云按:殷颢为谢镇西(尚)外孙,故云"相似"以轻诋。

阿铁 石虎子小名。自是樱桃得为虎继妻,生有二男,长子就是太子邃,小名阿铁。(蔡东藩《两晋演义》第四十五回)

白瓜 梁熙小名。秦王坚命梁熙为凉州刺史,留镇姑臧。天水太守史稷,前曾暴殁,五旬复苏,谓见凉州谦光殿中,尽生白瓜,至此梁熙镇凉,小名正是白瓜二字,岂非奇验。(蔡东藩《两晋演义》第六十五回)

龙 董荣小字。人谓之曰:"董尚书贵幸一时,公宜降意。"堕曰:"董龙是何鸡狗,而令国士与之言乎?"……龙,荣之小字也。(《晋书·符生载记》,2880 页)

胡奴 吕超小字。"不斫胡奴头,胡奴斫人头。"超小字胡奴,竟以杀(吕)纂。(《晋书·吕纂载记》,3069 页)

乞直伐 冯跋小字。冯跋字文起,长乐信都人也,小字乞直伐,其先毕万之后也。(《晋书·冯跋载记》,3127 页)

螽斯 张祚小字。张祚字太伯,小字螽斯,骏之庶长子也。(《十六国春秋·前凉录》)

黄儿 姚邕小字。(姚)兴叹曰:"吾不用黄儿之言,以至于此。"黄儿,姚邕小字也。(《晋书·赫连勃勃载记》,3203 页)

车士 刘义真小字。庐陵王义真为扬州刺史,太后谓上曰:"道怜汝布衣兄弟,故宜为扬州。"……上曰:"车士虽为刺史,事无大小,悉由寄奴。道怜年长,不亲其事,于听望不足。"太后乃无言。车士,义真小字也。(《宋书·宗室传》,中华书局,1974 年,1463 页。下引本书准此)

车子 刘义康小字。会稽长公主曰:"车子岁暮,必不为陛下所

容,今特请其生命。"因恸哭。上流涕……车子,义康小字也。(《宋书·武二王传》,1795页)

师护 刘义季小字。先赐中诏曰:"师护以在西久,比表求还,出内左右……"师护,义季小字也。(《宋书·武二王传》,1798—1799页)

乌羊 南平王铄小名。(元凶)劭使濬与世祖书曰:"……吾与乌羊,相寻即道。所以淹霆缓电者,犹冀弟迷而知返耳。"……乌羊者,南平王铄。(《宋书·二凶传》,2431页)

虎头 始兴王濬小名。上恍叹弥日,谓潘淑妃曰:"太子图富贵,更是一理。虎头复如此,非复思虑所及。……"濬小名虎头。(《宋书·二凶传》,2437页)

法导 僧喜 慧正 慧知 明弥虏 妙觉 宝明 刘义宣诸子名。义宣子……法导、僧喜、慧正、慧知、明弥虏、妙觉、宝明……并与义宣俱为朱修之所杀。(《宋书·武二王传》,1807页)

云按:刘义宣诸子名属当时俗尚崇佛小字之例。下仿此。

文寿 萧皇后名。孝懿萧皇后讳文寿,兰陵兰陵人也。……孝穆后殂,孝皇帝娉后为继室,生长沙景王道怜。(《宋书·后妃传》,1280页)

惠男 文帝淑媛名。文帝路淑媛讳惠男,丹阳建康人也。以色貌选入后宫,生孝武帝,拜为淑媛。(《宋书·后妃传》,1286页)

令婉 何皇后名。前废帝何皇后讳令婉,庐江潜人也。孝建三年,纳为皇太子妃……废帝即位,追崇献妃曰献皇后。(《宋书·后妃传》,1293页)

贞风 王皇后名。明恭王皇后讳贞风,琅邪临沂人也。元嘉二十五年,拜淮阳王妃。……太宗即位,立为皇后。(《宋书·后妃传》,1295页)

妙登 陈贵妃名。明帝陈贵妃讳妙登,丹阳建康人,屠家女也。……太宗即位,拜贵妃。(《宋书·后妃传》,1296页)

法容 陈昭华名。明帝陈昭华讳法容,丹阳建康人也。……顺帝,桂阳王休范子也,以昭华为母焉。……顺帝即位,进为皇太妃。(《宋书·后妃传》,1297页)

梵境 谢皇后名。顺帝谢皇后讳梵境,陈郡阳夏人,右光禄大夫庄孙女也。升明二年,立为皇后。(《宋书·后妃传》,1298页)

云按:诸皇后、贵妃名,似俱为闺阁小字。

楚玉 楚佩 修明 孝武皇女名。孝武文穆王皇后……生废帝、豫章王子尚、山阴公主楚玉、临淮康哀公主楚佩……康乐公主修明。(《宋书·后妃传》,1289页)

荣男 吴兴长公主名。(文穆王皇)后父偃,字子游,晋丞相导玄孙……尚高祖第二女吴兴长公主讳荣男,少历显官。(《宋书·后妃传》,1289页)

英媛 临川长公主名。(王偃)长子藻,位至东阳太守。尚太祖第六女临川长公主讳英媛。公主性妒。(《宋书·后妃传》,1290页)

伯姒 伯媛 皇女名。明恭王皇后讳贞风……生晋陵长公主伯姒、建安长公主伯媛。(《宋书·后妃传》,1295页)

云按:诸公主讳,似皆为闺名,即小字。

弥 向靖小字。向靖字奉仁,小字弥,河内山阳人也。名与高祖祖讳同,改称小字。……以平京城功,封山阳县五等侯。(《宋书·向靖传》,1373页)

云按:宋高祖祖父名刘靖,讳同避称小字。

班虎 刘湛小字。刘湛字弘仁。……湛初入朝,委任甚重,日夕引接,恩礼绸缪。……上尝谓所亲曰:"刘班初自西还,吾与语,常看日早晚,虑其当去。比入,吾亦看日早晚,虑其不去。"湛小字班虎,故云班也。(《宋书·刘湛传》,1815—1818页)

云按:《小字录》收此条,作"班兽",为避唐讳改"虎"为"兽",今依本传复旧。

长年 刘凝之小名。刘凝之字志安,小名长年,南郡枝江人也。(《宋书·刘凝之传》,2284页)

云按:《小字录》收此条,作"长生",核《隐逸传》为"长年",今从之。

阿益 王蕴小字。景文兄子蕴字彦深。父楷,太中大夫……景文……语之曰:"阿益,汝必破我门户。"阿益者,蕴小字也。(《宋书·王景文传》,2184页)

云按:《小字录》于刘宋收"阿答"条,资料来源于《世说叙录》。查《世说新语》中于《赏誉137》有王蕴小字"阿兴"记叙,谓晋时人。所记"阿答"或别有所据。此从《宋书》本传。

伯奴 刘义宗名。(刘)道怜六子:义欣、义庆、义融、义宗、义宾、义綦。……义融弟义宗,幼为高祖所爱,字曰伯奴,赐爵新渝县男。(《宋书·宗室传》,1464—1468页)

云按:刘道怜为高祖刘裕弟,其次子义庆著有《世说新语》,世传至今。以"奴"为名者,乃世俗小字之例。

乞奴 徐羡之小儿名。徐羡之字宗文……子乔之,尚高祖第六女富阳公主,官至竟陵王文学。乔之及弟乞奴从诛。(《宋书·徐羡之传》,1329—1334页)

倪奴 右卫殿中将军名。右卫殿中将军张倪奴、前军将军周盘龙攻陷京城,倪奴禽景素斩之……封筑阳县侯。(《宋书·文九王传》,1863页)

阳儿 南平王铄幢主名。(南平王)大举北伐……既克长社,遣幢主王阳儿、张略等进据小索。……阳儿击大破之。(《宋书·文九王传》,1856—1857页)

法寿 江湛小子名。江湛字徽渊,济阳考城人……湛五子恁、恕……法寿,皆见杀。(《宋书·江湛传》,1848—1849页)

宝生 苏宝名。苏宝者,名宝生,本寒门,有文义之美。元嘉中立国子学,为《毛诗》助教……官至南台侍御史,江宁令。(《宋书·王僧达传》,1958页)

买得 古拔子名。元景引军度熊耳山……杀戍主李买得,古拔子也,为房永昌王长史,勇冠戎类。(《宋书·柳元景传》,1983页)

云按:晋桓冲字幼子,小字买得,李买得取名相类,当为小名。

罗汉 南平王右军参军名。(元凶劭)疑朝廷旧臣悉不为己用,厚接王罗汉、鲁秀,悉以兵事委之……罗汉先为南平王铄右军参军,劭以其有将用,故以心膂委焉。(《宋书·二凶传》,2432页)

佛奴 佛狗 宋奴二子名。宋奴之死也,二子佛奴、佛狗奔逃关中,苻坚以佛奴为右将军,佛狗为抚夷护军。(《宋书·氐胡传》,2404页)

道儿 新渝县侯名。(阮)佃夫与王道隆、李道儿及帝左右琅邪淳于文祖谋共废立。……事定……太宗即位,论功行赏……佃夫建城县侯……李道儿新渝县侯。(《宋书·恩幸传》,2312—2313页)

叔儿 龙骧将军名。劭先遣龙骧将军陈叔儿东讨,事急,召还。(《宋书·二凶传》,2434页)

叔儿 劭兵卒名。是夜,劭闭守六门,于门内凿堑立栅,以露车为楼,城内沸乱,无复纲纪。……劭使詹叔儿烧辇及衮冕服。(《宋书·二凶传》,2434页)

要儿 劭军主名。劭军主徐兴祖、罗训、虞丘要儿等率众来降。(《宋书·二凶传》,2434页)

伯儿 朱龄石字。朱龄石字伯儿,沛郡沛人也。家世将帅。(《宋书·朱龄石传》,1421页)

镇恶 王猛孙名。王镇恶,北海剧人也。祖猛,字景略,苻坚僭号关中,猛为将相……镇恶以五月五日生,家人以俗忌,欲令出继疏宗。猛见奇之,曰:"此非常儿,昔孟尝君恶月生而相齐,是儿亦将兴吾门矣。"故名之为镇恶。(《宋书·王镇恶传》,1365页)

云按:俗以五月五日生为恶,犯忌,以孟尝君破俗而登富贵为例,名为镇恶,盖初生时幼名。

法护　法崇　甄氏兄弟名。梁州刺史甄法护……中山无极人,过江寓居南郡。弟法崇,元嘉十年,自少府为益州刺史。……太祖使思话上平定汉中本末,下之史官。(《宋书·萧思话传》,2012—2013页)

云按:从俗崇佛取为小名。

惠开　惠基　惠明　萧思话子名。萧惠开,南兰陵人,征西将军思话子也。初名慧开,后改慧为惠。……家素事佛,凡为父起四寺……名曰禅冈寺……禅乡寺……禅亭寺……禅封寺……惠开与诸弟并不睦,惠基……惠明。(《宋书·萧惠开传》,2199—2203页)

云按:家素事佛,故诸兄弟幼名烙上佛印。

遗奴　徐孝嗣小字。孝嗣字始昌。父被害,孝嗣在孕,母年少,欲更行,不愿有子,自床投地者无算,又以捣衣杵舂其腰,并服堕胎药,胎更坚。及生,故小字遗奴。(《南史·徐羡之传》,中华书局,1975年,438页)

白象　长沙威王小字。长沙威王晃字宣明,太祖第四子也。少有武力……私载数百人仗还都,为禁司所觉,投之江水。世祖禁诸王畜私仗,闻之大怒,将纠以法。豫章王嶷于御前稽首流涕曰:"晃罪诚不足宥。陛下当忆先朝念白象。"白象,晃小字也。(《南齐书·高帝十二王传》,中华书局,1972年,623—624页。下引本书准此)

阿五　武陵昭王晔小字。武陵昭王晔字宣照,太祖第五子也。……世祖幸豫章王嶷东田宴诸王,独不召晔。……嶷曰:"阿五常日不尔,今可谓仰藉天威。"帝意乃释。(《南齐书·高帝十二王传》,624—625页)

云按：以排行为小名，下仿此。

智容 高昭刘皇后讳。高昭刘皇后讳智容，广陵人也。祖玄之，父寿之，并员外郎。（《南齐书·皇后传》，390页）

惠昭 武穆裴皇后讳。武穆裴皇后讳惠昭，河东闻喜人也。……建元元年，为皇太子妃。三年，后薨。谥穆妃……世祖即位，追尊皇后。（《南齐书·皇后传》，391页）

宝明 文安王皇后讳。文安王皇后讳宝明，琅邪临沂人也。……建元元年，为南郡王妃。四年，为皇太子妃……郁林即位，尊为皇太后。（《南齐书·皇后传》，392页）

靖英 郁林王何妃名。郁林王何妃名靖英，庐江潜人，抚军将军戢之女也。永明二年，纳为南郡王妃。十一年，为皇太孙妃。郁林王即位，为皇后。（《南齐书·皇后传》，392—393页）

惠端 明敬刘皇后讳。明敬刘皇后讳惠端，彭城人，光禄大夫道弘孙也。太祖为高宗纳之。……高宗即位，追尊为敬皇后。（《南齐书·皇后传》，393页）

云按：诸皇后讳，盖闺名，即小字。

阿称 刘瓛小字。刘瓛（音还）字子珪，沛国相人……祖弘之，给事中。父惠，治书御史。……瓛姿状纤小，儒学冠于当时……母孔氏甚严明，谓亲戚曰："阿称便是今世曾子。"阿称，瓛小名也。（《南齐书·刘瓛传》，677—679页）

猪儿 敬儿弟名。敬儿弟恭儿……常居上保村中，与居民不异。……恭儿本名猪儿，随敬儿改名也。（《南齐书·张敬儿传》，473页）

云按：张敬儿本名苟儿（即狗儿），宋明帝以其名鄙，改作"敬儿"。猪儿随也改作"恭儿"。原皆贱名，改从雅讳。

虫儿 东昏侯用事者名。自是法珍、虫儿用事，并为外监……崔慧景平后……虫儿封竟陵县男。（《南齐书·东昏侯本纪》，105页）

虎牙 陈伯之子名。中兴元年八月丙子,平西将军陈伯之降。乙卯,以伯之为江州刺史,子虎牙徐州刺史。(《南齐书·和帝纪》,113页)

云按:《小字录》收晋许长史中男小名虎牙,陈伯之为儿取名同。牙者,小伢子也。

赤斧 始之儿名。萧赤斧,南兰陵人,太祖从祖弟也。……父始之,冠军中兵参军。赤斧历官为奉朝请,以和谨为太祖所知。(《南齐书·萧赤斧传》,664页)

云按:《小字录》收许长史小男小字玉斧。"赤斧"取名与此相类。

盘龙 齐右将军名。周盘龙,北兰陵兰陵人也。……元徽二年……领马军主,随太祖顿新亭……太祖即位,进号右将军。(《南齐书·周盘龙传》,543页)

云按:《小字录》收晋刘毅小字盘龙,周盘龙之盘龙与刘毅之盘龙同为小字,可从知。

阿答 童乌 王楷子与侄小字。前湘州刺史王蕴,太后兄子,少有胆力,以父楷名宦不达,欲以将途自奋。每抚刀曰:"龙渊、太阿,汝知我者。"叔父景文诫之曰:"阿答,汝灭我门户。"蕴曰:"答与童乌贵贱觉异。"童乌,景文子绚小字。答,蕴小字也。(《南齐书·高帝纪上》,11—12页)

云按:阿答、童乌,《小字录》收入刘宋时,资料来源注明出自《世说叙录》。《世说新语》有王蕴,小字阿兴,为晋王濛子。王绚不见。或别有所据。为便览,今从《南齐书》记载。

虎头 曹虎本名。曹虎字士威,下邳下邳人也,本名虎头。宋明帝末,为直厢。(《南齐书·曹虎传》,561页)

佛护 骁骑将军名。台遣骁骑将军张佛护……据竹里为数城。宝玄遣信谓佛护曰:"身自还朝,君何意苦相断遏?"佛护答曰:"小人

荷国重恩,使于此创立小戍。"(《南齐书·崔慧景传》,875 页)

京产 杜子恭玄孙名。杜京产字景齐,吴郡钱唐人。杜子恭玄孙也。……世传五斗米道,至京产及子栖。京产少恬静,闭意荣宦。颇涉文义,专修黄老。(《南齐书·高逸传》,942 页)

云按:佛护、京产,皆俗尚小字之例。

重孙 昭明太子次子名。河东王誉字重孙,昭明太子第二子也。普通二年,封枝江县公。中大通三年,改封河东郡王。(《梁书·河东王誉传》,中华书局,1973 年,829 页。下引本书准此)

云按:昭明子为梁武孙,取名"重孙"或为第二孙义,盖小字。

圆照　圆正　圆满　圆普　圆肃 并萧纪子名。武陵王纪字世询,高祖第八子也。……天监十三年,封为武陵郡王……高祖崩后,纪乃僭号于蜀。改年曰天正。立子圆照为皇太子,圆正为西阳王,圆满竟陵王,圆普南谯王,圆肃宜都王。(《梁书·武陵王纪传》,825—826 页)

尚柔 太祖皇后讳。太祖献皇后张氏讳尚柔,范阳方城人也。……后母萧氏,即文帝从姑。后,宋元嘉中嫔于文帝……生高祖。(《梁书·皇后传》,156 页)

令光 高祖丁贵嫔名。高祖丁贵嫔讳令光,谯国人也,世居襄阳。贵嫔生于樊城,有神光之异,紫烟满室,故以"光"为名。(《梁书·皇后传》,160 页)

令嬴 高祖阮修容讳。高祖阮修容讳令嬴,本姓石,会稽余姚人也。建康城平,高祖纳为彩女。天监七年八月,生世祖。寻拜为修容。(《梁书·皇后传》,163 页)

云按:诸皇后、妃嫔讳,盖俱为闺名。令光得名之由显然是幼名。

玉姚　玉婉　玉嬛 高祖女名。高祖德皇后郗氏……生永兴公主玉姚,永世公主玉婉,永康公主玉嬛。(《梁书·皇后传》,157 页)

仙婢 马伯鸾女幼名。马仙琕字灵馥,扶风郿人也。父伯鸾,宋冠军司马。……初,仙琕幼名仙婢,及长,以"婢"名不典,乃以"玉"代"女",因成"琕"云。(《梁书·马仙琕传》,279—281页)

净琬 荆玉 玉娥儿 羊侃侍儿名。羊侃字祖忻……大通三年至京师,诏授使持节、散骑常侍……徐州刺史……性豪侈,善音律,自造《采莲》《棹歌》两曲,甚有新致。姬妾侍列,穷极奢靡。……有舞人张净琬……又有孙荆玉……歌人玉娥儿……并妙尽奇曲,一时无对。(《梁书·羊侃传》,557—561页)

云按:此等歌妓侍儿名,俱为小字类。

昙恭 滕曾子名。滕昙恭,豫章南昌人也。年五岁,母杨氏患热,思食寒瓜,土俗所不产,昙恭历访不能得,衔悲哀切。俄值一桑门问其故,昙恭具以告。桑门曰:"我有两瓜,分一相遗。"昙恭拜谢,因捧瓜还,以荐其母,举室惊异,寻访桑门,莫知所在。……号为滕曾子。(《梁书·孝行传》,648页)

昙净 慧镜子名。刘昙净字元光,彭城吕人也。……父慧镜,历诣朝士乞哀……遂以孝闻。昙净笃行有父风。……叔父慧斐举以应孝行,高祖用为海宁令。(《梁书·孝行传》,654页)

沙弥 佩玉子名。庾沙弥,颍川人也。……父佩玉,辅国长史……嫡母刘氏寝疾,沙弥晨昏侍侧,衣不解带……高祖召见嘉之,以补歙令。(《梁书·孝行传》,655—656页)

云按:东晋至南朝,江左崇佛大行。世俗以为为小儿取一僧佛义小名,妖魔不敢侵害,容易长大,昙恭、昙净、沙弥盖从俗尚,属小字之类。下仿此。

养 炬 王筠与从兄泰小字。王筠字元礼……琅邪临沂人。……与从兄泰齐名。陈郡谢览,览弟举,亦有重誉,时人为之语曰:"谢有览举,王有养炬。"炬是泰,养即筠,并小字也。(《梁书·王

筠传》,484页)世人为之语曰:"王有养、炬,谢有览、举。"养、炬,王筠、王泰小字也。(《梁书·谢举传》,529页)

云按:此条《小字录》据《世说叙录》收入,录为"养,王泰小字;炬,王筠小字",与《梁书》王谢二传所记养为王筠小字,炬为王泰小字有异。今复录以存疑。

昙朗 南康王名。南康愍王昙朗,高祖母弟忠壮王休先之子也。……昙朗少孤,尤为高祖所爱,宠逾诸子。有胆力,善绥御。……绍泰元年,除中书侍郎,监南徐州。(《陈书·南康愍王昙朗传》,中华书局,1972年,210页。下引本书准此)

要儿 高祖宣皇后讳。高祖宣皇后章氏,讳要儿,吴兴乌程人也。……后母苏,尝遇道士以小龟遗己,光采五色,曰:"三年有征。"及期,后生而紫光照室,因失龟所在。(《陈书·高祖章皇后传》,126页)

妙容 世祖沈皇后讳。世祖沈皇后讳妙容,吴兴武康人也。……世祖即位,为皇后。(《陈书·世祖沈皇后传》,127页)

婺华 后主沈皇后讳。后主沈皇后讳婺华,仪同三司望蔡贞宪侯君理女也。母即高祖女会稽穆公主。……后主即位,立为皇后。(《陈书·后主沈皇后传》,130页)

丽华 后主张贵妃名。家贫,父兄以织席为事。……后主即位,拜为贵妃……爱倾后宫。(《陈书·后主沈皇后传》,131页)

云按:诸后妃讳,盖闺中小字。

猛奴 周文育名。周文育字景德,义兴阳羡人也。少孤贫,本居新安寿昌县,姓项氏,名猛奴。……义兴人周荟……养为己子……见于太子詹事周舍,请制名字,舍因为立名文育,字景德。(《陈书·周文育传》,137页)

云按:名字后制,则"猛奴"为初名,盖小字。

铁虎 兴宁令名。周铁虎,不知何许人也,梁世南渡。语音伦

重,膂力过人,便马槊,事梁河东王萧誉,以勇敢闻……誉为广州刺史,以铁虎为兴宁令。(《陈书·周铁虎传》,169页)

云按:以勇敢闻,则名与实副,当属小字之例。

法尚 荀朗子名。(荀朗)卒……子法尚嗣。法尚少倜傥,有文武干略,起家江宁令,袭爵兴宁县侯。(《陈书·荀朗传》,203页)

法僧 周炅子名。周炅字文昭,汝南安城人也。……进号和戎将军、散骑常侍……卒……子法僧嗣,官至宣城太守。(《陈书·周炅传》,203—205页)

僧首 殷不害子名。殷不害字长卿,陈郡长平人也。……后主即位,加给事中。初,不害之还也,周留其长子僧首,因居关中。(《陈书·孝行传》,423—425页)

梵童 不佞子名。不佞字季卿,不害弟也。……迁通直散骑常侍……长子梵童,官至尚书金部郎。(《陈书·孝行传》,425—426页)

云按:以上四子名,俱从俗取小字。

罗儿 司马喦小字。司马喦字文升,河内温人也。……梁武帝见喦羸瘦,叹息良久,谓其父子产曰:"昨见罗儿面颜憔悴,使人恻然,便是不坠家风,为有子矣。"罗儿,即喦小字也。(《陈书·孝行传》,429页)

佛鳌 魏主焘小字。神瑞七年夏四月甲戌,封皇子焘为泰平王,焘,字佛鳌,拜相国,加大将军。(《魏书·太宗明元帝纪》,中华书局,1974年,61页。下引本书准此)

云按:佛鳌,通作"佛狸",译音字不同。《宋书·王玄谟传》:"及托跋焘军至,乃奔退,麾下散亡略尽。萧斌将斩之,沈庆之固谏曰:'佛狸威震天下,控弦百万,岂玄谟所能当。且杀战将以自弱,非良计也。'斌乃止。"此作"佛狸"下注:"系魏主焘小字。"焘即拓跋焘。

倭奴　羊儿 鲁阳王、安定王世子名。帝进军济河……生

擒……鲁阳王倭奴……安定王世子羊儿以下文武将吏数千人。(《魏书·太祖道武帝纪》,26—27页)

法寄 真定侯曾孙字。(真定侯)陆曾孙轨,字法寄,稍迁洛阳令。(《魏书·神元平文诸帝子孙传》,346页)

寿乐 长乐王讳。长乐王寿乐,章帝之后也。……高宗即位,寿乐有援立功,拜太宰、大都督、中外诸军、录尚书事。(《魏书·神元平文诸帝子孙传》,346页)

孔雀 晋阳男字。鸷,字孔雀。容貌魁壮,腰带十围。为羽林队仗副。高祖末,以征讨有功,赐爵晋阳男。(《魏书·神元平文诸帝子孙传》,350页)

金雀 艾陵男字。珍字金雀,袭爵艾陵男。……后卒于尚书左仆射。(《魏书·神元平文诸帝子孙传》,354页)

大头 淮陵侯讳。淮陵侯大头,烈帝之曾孙也。……从世祖有战功,赐爵。高宗初,封淮陵。(《魏书·神元平文诸帝子孙传》,362页)

阿倪 陪斤子小字。常山王遵,昭成子寿鸠之子也。……于素……(素子)陪斤……陪斤子昭,小字阿倪……为尚书,河南尹。(《魏书·昭成子孙传》,374—376页)

菩萨 阳平王子名。阳平王熙,天兴六年封。……有七子……(五子)均……均弟禹……禹弟菩萨,给事中。卒,赠济南太守。(《魏书·道武七王传》,390—393页)

法寿 钟葵长子名。阳平王熙……世子吐万……吐万弟钟葵……长子法寿,侍御中散,累迁中散大夫。(《魏书·道武七王传》,390—394页)

法僧 法寿弟名。法寿弟法僧,自太尉行参军稍转通直郎,宁远将军,司徒。(《魏书·道武七王传》,394页)

阿成 钟葵弟字。钟葵弟笃,字阿成。太子右率、北中郎将、抚

冥镇将、光禄卿。(《魏书·道武七王传》,395页)

辟邪 河南王孙字。河南王曜,天兴六年封。……有七子。长子提,骁烈有父风。……(提)长子平原,袭爵。……有五子,长子和……次弟鉴……鉴弟荣……荣弟亮,字辟邪。威远将军、羽林监。(《魏书·道武七王传》,395—399页)

羯儿 河南王子名。世祖继绝世,诏河南王曜之子羯儿袭(河间王)修爵,改封略阳。(《魏书·道武七王传》,399页)

飞龙 阳平王孙名。世祖继绝世,以阳平王熙之第二子浑为南平王,以继(广平王)连后,加平西将军。……子飞龙,袭,后赐名霄。……除宗正卿、右光禄大夫。(《魏书·道武七王传》,400页)

罗刹 夜叉弟名。元叉本名夜叉,弟罗实名罗刹,夜叉、罗刹,此鬼食人,非遇黑风,事同飘堕。(《魏书·道武七王传》,407页)

云按:元叉,小字夜叉,《小字录》收入。弟罗刹,取义同,也当为小字。

法轮 广阳王曾孙名。广阳王建……子石侯……石侯弟嘉……(嘉)子深……(深)子湛,字士深,少有风尚。……湛子法轮,紫光所生也。(《魏书·太武五王传》,428—434页)

云按:紫光,王婢女名。

昙首 济阴王孙字。济阴王小新成,和平二年封。颇有武略。……子郁……郁弟偃……子诞,字昙首。初,诞伯父郁以贪污赐死,爵除。……诏以偃正元妃息昙首,济阴王嫡孙,可听绍封,以纂先绪。(《魏书·景穆十二王传上》,447—448页)

万寿 乐浪王讳。乐浪王万寿,和平三年封,拜征东大将军,镇和龙。(《魏书·景穆十二王传上》,452页)

长命 乐浪王孙名。乐浪王……子康王乐平,袭。薨。子长命,袭。(《魏书·景穆十二王传上》,452页)

虎儿 南安王子字。南安王桢,皇兴二年封,加征南大将军……子英,字虎儿。……高祖时,为平北将军、武川镇都大将、假魏公。(《魏书·景穆十二王传下》,493—495页)

盆子 南安王孙小字。(南安王子)怡,起家步兵校尉……庄帝初……超赠骠骑大将军、太尉公、雍州刺史、扶风王。……(怡子)晔字华兴,小字盆子。……起家秘书郎。(《魏书·景穆十二王传下》,508页)

长寿 城阳王名。城阳王长寿,皇兴二年封,拜征西大将军、外都大官。(《魏书·景穆十二王传下》,509页)

豹儿 南安惠王子名。章武王太洛,皇兴二年薨。……无子。高祖初,以南安惠王第二子彬为后。彬,字豹儿,袭爵。勇健有武用。出为……朔州刺史。(《魏书·景穆十二王传下》,513页)

黄头 豹儿之孙名。彬有五子。长子融,字永兴。……子黄头,袭。封安定王,改封安平王。(《魏书·景穆十二王传下》,514—515页)

胡儿 乐陵王名。乐陵王胡儿,和平四年薨。追封乐陵王,赠征北大将军。(《魏书·景穆十二王传下》,516页)

白虎 许谦孙名。许谦,字元逊,代人也。……子洛阳……洛阳弟安国……安国弟安都……赐爵东光子……卒……子白虎,袭爵。为侍御中散。(《魏书·许谦传》,610—612页)

臼 崔玄伯子小名。崔玄伯,清河东武城人也……玄伯少有俊才,号曰冀州神童。……(子)恬,字叔玄,小名臼。历给事中,赐爵绎幕子。(《魏书·崔玄伯传》,620—623页)

社客 崔僧渊子小名。(崔)僧渊……纳平原杜氏……生四子,伯凤、祖龙、祖螭、祖虬。……祖螭,小字社客,粗武有气力。(《魏书·崔玄伯传》,633—634页)

念僧 长孙嵩字。长孙嵩,代人也……后高祖追录先朝功臣,以

嵩配飨庙庭。……子道,字念僧,袭爵。(《魏书·长孙嵩传》,643—645页)

万年　千年　百年　于烈子字。于栗磾,代人也。……拜冠军将军,假新安子。……卒……赠太尉公。……子洛拔,袭爵。……洛拔有六子。长子烈……少拜羽林中郎,迁羽林中郎将。……烈有五子。长子祚,字万年……袭父爵。……祚弟忠,字思贤,本字千年。……忠弟景,字百年。(《魏书·于栗磾传》,735—747页)

叉罗　于敦孙名。烈弟敦……子昕,员外郎……谥曰文恭。长子扬仁……扬仁弟叉罗,字仲纲。中军将军、光州刺史。(《魏书·于栗磾传》,747页)

苟儿　高徽小字。(高)徽,字荣显,小字苟儿。……神龟中,迁射声校尉、左中郎将、游击将军。(《魏书·高湖传》,754页)

男季　崔赜子小字。(崔)逞……小子赜……赜五子。长子秉……秉弟广……广弟轨……轨弟穆……穆弟叡,字哲,小字男季。(《魏书·崔逞传》,758—759页)

磨奴　封虔之子名。(封)玄之……坐……谋乱,伏诛。临刑,太宗谓之曰:"终不令绝汝种也,将宥尔一子。"玄之请曰:"弟虔之子磨奴,字君明,早孤,乞全其命。"乃杀玄之四子,而赦磨奴。(《魏书·封懿传》,760—761页)

罗汉　王嶷子名。(王)嶷子祖念,袭爵。……祖念弟云,字罗汉,颇有风尚。自尚书郎入为中书舍人。(《魏书·王宪传》,776页)

长生　屈遵孙字。屈遵,字子皮,昌黎徒河人也。……赐爵下蔡子。……卒……子须,袭。……须长子垣,字长生……世祖即位,稍迁尚书右仆射,加侍中。(《魏书·屈遵传》,777页)

长命　谷阐小字。谷浑,字元冲,昌黎人也。……赐爵濮阳公。……子阐,字崇基,小字长命,袭爵……稍迁相州刺史。(《魏

书·谷浑传》,780—781 页)

金刚 万安国曾孙名。万安国,代人也。……尚河南公主,拜驸马都尉。……封安城王……子翼,袭王爵。……薨……子篡……袭……卒……子金刚,袭。武定末,开府祭酒。(《魏书·万安国传》,804 页)

药囊 李恽小字。(李)顺弟修基,陈留太守。……修基季弟恽,字善祖,小字药囊。少有高名,为中书侍郎。(《魏书·李顺传》,842 页)

楷 秀林小名。秀林,小名楷。性强直。太和中,自中书博士为顿丘相。(《魏书·李顺传》,843 页)

丑瑰 秀林从弟小字。秀林从弟焕,字仲文,小字丑瑰。有干用。……自给事中转治书侍御史。(《魏书·李顺传》,844 页)

弥陀 司马休之孙名。司马休之……本河内温人……(子)文思为廷尉卿,赐爵郁林公。……薨。子弥陀,袭爵。(《魏书·司马休之传》,853—854 页)

衍孙 李宝小字。李宝,字怀素,小字衍孙,陇西狄道人,私署凉王暠之孙也。……改授镇北将军。(《魏书·李宝传》,885—886 页)

武强 李宝父小字。(李宝)父翻,字士举,小字武强,私署骁骑将军,祁连、酒泉、晋昌三郡太守。(《魏书·李宝传》,885 页)

提 李神俊小名。(李)佐,字季翼……高祖初,兼散骑常侍……赐爵真定子。……子遵……遵弟柬……柬弟神俊,小名提。……拜骁骑将军、中书侍郎、太常少卿。出为前将军、荆州刺史。(《魏书·李宝传》,894—896 页)

容儿 李延度子名。神俊无子,从弟延度以第三子容儿后之。(《魏书·李宝传》,897 页)

大墨 李元珍小名。(李宝子)承,字伯业……长子韶,字元伯……韶从弟元珍,小名大墨。起家奉朝请、太尉录事参军,卒于步

兵校尉。(《魏书·李宝传》,886—897页)

那延 源楷小字。(源)楷,字士质,小字那延……武定中,齐文襄王府参军。(《魏书·源贺传》,931页)

菩提 薛辩孙字。薛辩,字允白。……太宗授平西将军、雍州刺史,赐爵汾阴侯。……子谨,字法顺……为都将……谥曰元公。长子初古拔……拔弟洪隆,字菩提。解褐阳平王国常侍,稍迁河东太守。(《魏书·薛辩传》,941—944页)

辟邪 尧暄字。尧暄,字辟邪,上党长子人也。……太和中,迁南部尚书。(《魏书·尧暄传》,954页)

阿奴 伊利子名。(罗结)子斤……(子斤)子敦……(子敦)子伊利,高宗时袭爵。……世宗初,赐征北将军、燕州刺史……子阿奴……以勋臣之子,除侍御中散,袭爵。(《魏书·罗结传》,987—988页)

杀鬼 阿奴子名。阿奴……卒。子杀鬼,袭爵。武泰中,骠骑将军、南青州刺史。(《魏书·罗结传》,988页)

嘉屯 许彦小字。许彦,字道谟,小字嘉屯,高阳新城人也。……世祖初……拜散骑常侍,赐爵博陵侯。(《魏书·许彦传》,1036页)

红崖 卢敏小字。(卢)敏,字仲通,小字红崖,少有大量。太和初,拜议郎,早卒。(《魏书·卢玄传》,1053页)

云按:此条《小字录》收,作"洪崖",本传作"红崖",未知孰是。

黑 卢仲义小名。(卢)洪三子。长子崇……崇弟仲义,小名黑,知名于世。高阳王雍司空行参军、员外散骑侍郎、幽州别驾。(《魏书·卢玄传》,1063页)

云按:《北史·卢玄传》附《仲义传》作"小黑"。

檀越 高推小名。允弟推,字仲让,小名檀越,早有名誉。……卒……赠辅国将军、临邑子,谥曰恭。(《魏书·高允传》,1091页)

淳于 高燮小字。推弟燮,字季和,小字淳于,亦有文才。(《魏

豹子 淮阳公名。皮豹子,渔阳人。少有武略。……世祖时……进爵淮阳公,镇长安。寻加征西将军。(《魏书·皮豹子传》,1129页)

虎头 遵和小名。阴仲达……父华,字季文,姑臧令……华次子周达……周达子遵和,小名虎头。好音律,尚武事。(《魏书·阴仲达传》,1163页)

罗汉 吕温子名。吕罗汉,本东平寿张人。……父温……有文武才略。……以功……赐爵乌程子……高宗之立,罗汉有力焉……进爵山阳公,加镇西将军。(《魏书·吕罗汉传》,1137—1138页)

豹子 罗汉弟名。罗汉弟大檀,为中散、恒农太守。大檀弟豹子,东莱镇将。(《魏书·吕罗汉传》,1140页)

豹子 孝伯子名。李孝伯,赵郡人也。……进爵宣城公。……(子)安民,袭爵寿光侯,司徒司马。……安民弟豹子。(《魏书·李孝伯传》,1167—1173页)

僧奴 游雅子名。游雅,字伯度,小名黄头,广平任人也。……子僧奴,袭爵。(《魏书·游雅传》,1195—1196页)

云按:小名黄头,《小字录》已收。

昙护 游恒子名。雅弟恒,子昙护。太和中,为中散,迁典寺令。(《魏书·游雅传》,1196页)

次奴 高祐小名。高祐,字子集,小名次奴,勃海人也。……司空允从祖弟也……以……功,赐爵建康子。(《魏书·高祐传》,1259页)

僧寿 高祐子字。(高祐)子和璧,字僧寿,有学问。中书博士。(《魏书·高祐传》,1262页)

罗汉 杨津字。(杨)播弟椿……椿弟颖……颖弟顺……顺弟津,字罗汉……少端谨,以器度见称……寻以津为司空、加侍中。

(《魏书·杨播传》,1284—1299页)

罗汉 薛安都玄孙名。薛安都,字休达,河东汾阴人也。……卒……赠本将军、秦州刺史、河东王。……子道标,袭爵。……卒。子达……袭……卒。子承华,袭爵。……卒……子罗汉,袭。(《魏书·薛安都传》,1353—1354页)

捺 毕众敬小名。毕众敬,小名捺,东平须昌人。少好弓马射猎。(《魏书·毕众敬传》,1359页)

云按:此条《小字录》收入,"捺"作"奈",未知孰是,录备考。又,《小字录》收小字"陀儿",谓众敬子毕义云小字。今核本传,毕义云无小字陀儿记载。且毕义云非众敬子,而是曾孙。众敬子元宾初娶刘氏生四子:祖朽、祖毸、祖归、祖旋。后赐妻元氏,生二子:祖荣、祖晖,皆为"祖"字辈。六兄弟所生子皆用"义"为班辈字,祖荣子义允,祖归子义畅,祖旋子义真,祖毸子义和、义亮,祖晖子义緫,义緫弟义云。义云是祖晖子,元宾孙,众敬曾孙。义云本传只记官至尚书骑兵郎中。闻疑存疑。

竖眼 灵越子名。傅竖眼,本清河人。……竖眼,即灵越子也。沉毅壮烈,少有父风。……世宗时为建武将军,仍镇于合肥。(《魏书·傅竖眼传》,1555—1557页)

大眼 难当孙名。杨大眼,武都氐难当之孙也。少有胆气,跳走如飞。……传言淮泗、荆沔之间有童儿啼者,恐之云"杨大眼至",无不即止。王肃弟子秉之初归国也,谓大眼曰:"在南闻君之名,以为眼如车轮。及见,乃不异人。"大眼曰:"旗鼓相望,瞋眸奋发,足使君目不能视,何必大如车轮。"(《魏书·杨大眼传》,1633—1635页)

云按:竖眼、大眼,或以幼时形貌特征为名。

黄头 裴炯小字。炯,字休光,小字黄头。颇有文学,善事权门。领军元叉纳其金帛,除镇远将军、散骑侍郎、扬州大中正,进伯为侯。

(《魏书·裴叔业传》,1572页)

菩提　叉罗　文殊　尔朱荣子名。尔朱荣,字天宝,北秀容人也。……(子)菩提,肃宗末,拜羽林监。……菩提弟叉罗,孝庄初,除散骑常侍、武卫将军。……叉罗弟文殊,建义初,封平昌郡开国公,进爵为王。(《魏书·尔朱荣传》,1643—1656页)

默蠡　李琰之小字。李琰之,字景珍,小字默蠡,陇西狄道人,司空韶之族弟。……出帝初,征兼侍中、车骑大将军、左光禄大夫、仪同三司。(《魏书·李琰之传》,1797—1798页)

豹儿　高琨子名。(高)肇长兄琨,早卒。……诏其子猛嗣。猛,字豹儿。尚长乐公主,即世宗同母妹也。拜驸马都尉,历位中书令。(《魏书·高肇传》,1831页)

翠螭　张伟小名。张伟,字仲业,小名翠螭,太原中都人也。……世祖时……拜中书博士。……卒,赠征南将军、并州刺史,谥曰康。(《魏书·张伟传》,1844页)

陀罗　孙惠蔚小字。孙惠蔚,字叔炳,武邑武遂人也,小字陀罗。……年十三,粗通《诗》《书》及《孝经》《论语》。……周流儒肆,有名于冀方。(《魏书·孙惠蔚传》,1852页)

小虎　正光统军名。胡小虎,河南河阴人也。少有武气。正光末,为统军于晋寿。(《魏书·胡小虎传》,1895页)

灵宝　徐践小名。徐謇,字成伯,丹阳人。……謇常有药饵及吞服道符,年垂八十,鬓发不白,力未多衰。……卒……谥曰靖。子践,字景升,小名灵宝,袭爵。历官兖州平东府长史、右中郎将、建兴太守。(《魏书·徐謇传》,1966—1968页)

男玉　平原女子名。平原……女子孙氏男玉者,夫为灵县民所杀。追执仇人,男玉欲自杀之……遂以杖殴杀之。有司处死以闻。显祖诏曰:"男玉重节轻身,以义犯法,缘情定罪,理在可原,其特恕

之。"(《魏书·列女传》,1980页)

女胜 河东女子名。河东姚氏女字女胜,少丧父,无兄弟,母怜而守养。年六七岁,便有孝性,人言其父者,闻辄垂泣。邻伍异之。正光中,母死,女胜年十五,哭泣不绝声,水浆不入口者数日,不胜哀,遂死。太守崔游申请为营墓立碑,自为制文,表其门闾,比之曹娥,改其里曰上虞里。(《魏书·列女传》,1985页)

云按:《列女传》引十七女,除男玉、女胜二名,他皆称某氏,如封氏、刘氏、张氏等。二女名寓胜男,义长,盖小字之属,贵而录之。

买奴 剧鹏兄名。剧鹏,高阳人。粗览经史,闲晓吏事。与王质等俱充宦官……兄买奴,亦为宦者。历位幽州刺史。(《魏书·阉官传》,2020页)

绍奴 王质字。王质,字绍奴,高阳易人也。其家坐事,幼下蚕室。颇解书学,为中曹吏、内典监。(《魏书·阉官传》,2025页)

龙儿 孟鸾字。孟鸾,字龙儿,不知何许人。坐事充阉人。文明太后时,王遇有宠,鸾以谨敏为遇左右,往来方山,营诸寺舍。(《魏书·阉官传》,2032页)

丑汉 封令德子名。封津,字丑汉……父令德,娶党宝女。宝伏诛,令德以连坐从法。津受刑,给事宫掖。(《魏书·阉官传》,2033页)

匐勒 石勒小字。羯胡石勒,字世龙,小字匐勒。其先匈奴别部,分散居于上党武乡羯室,因号羯胡。……勒乃自称大都督、大将军、大单于、赵王,以二十四郡为赵国。(《魏书·羯胡石勒传》,2047—2050页)

豹子 刘虎子名。铁弗刘虎,南单于之苗裔……虎死,子务桓代领部落,遣使归顺。务桓,一名豹子。招集种落,为诸部雄。(《魏书·铁弗刘虎传》,2054页)

直獖 屈孑第五子小字。卫辰,务桓之第三子也。……卫辰第三子屈孑……屈孑者,卑下也。……屈孑中子太原公昌……昌弟定,

小字直獖。屈子之第五子,凶暴无赖。(《魏书·铁弗刘虎传》,2055—2059页)

万年 元真小字。徒何慕容廆……本出于昌黎。……晋愍帝拜廆镇军将军,昌黎、辽东二国公。……廆死,子元真代立。元真,小字万年……自称燕王。(《魏书·徒何慕容廆传》,2060页)

库勾 慕容宝小字。(慕容)垂……元真第五子也。……垂死……宝僭立。宝,字道祐,小字库勾,垂之第四子也。少而轻果……及为太子,砥砺自修。(《魏书·徒何慕容廆传》,2065—2068页)

长生 慕容熙小字。(慕容)熙,字道文,小字长生,垂之少子也。(《魏书·徒何慕容廆传》,2070页)

洪 苻健父初名。临渭氐苻健,字建业,本出略阳临渭。祖怀归,为部落小帅。父洪,字广世。洪之生也,陇右霖雨,百姓苦之。时有谣曰:"雨若不止,洪水必起。"故名之曰洪。年十二而父死,为部帅。群氐推以为盟主。(《魏书·临渭氐苻健传》,2073页)

罴 苻健初名。健,初名罴,字世建……健便弓马,善于事人……建国十四年,乃僭称天王,号年皇始,国号大秦……寻自称皇帝。(《魏书·临渭氐苻健传》,2073—2074页)

长生 苻健子字。生,字长生,健之第三子也。幼而粗暴,昏酒无赖。(《魏书·临渭氐苻健传》,2074页)

乞直伐 冯跋小名。海夷冯跋,字文起,小名乞直伐,本出长乐信都。……恭慎勤稼穑。既家昌黎,遂同夷俗。……自立为燕王,置百官,号年太平。(《魏书·海夷冯跋传》,2126页)

桐椎 李暠子小字。李暠,字玄盛,小字长生,陇西狄道人也……暠死,子歆统任。歆,字士业,自称大都督、大将军、护羌校尉、凉州牧、凉公,号年嘉兴元年。……敦煌父老令狐炽梦一白头公……而谓曰:"南风动,吹长木。胡桐椎,不中毂。"言讫,忽然不见。歆小

字桐椎,至是而亡。(《魏书·私署凉王李暠传》,2202—2203页)

云按:李暠小字长生,《小字录》收入,兹不重录。

佛奴　佛狗　宋奴二子名。氐者,西夷之别种,号曰白马。……惠帝元康中,茂搜自号辅国将军、右贤王,群氐推以为主。……茂搜死,子难敌统位。……难敌死,子毅立……毅小弟宋奴……死,二子佛奴、佛狗逃奔苻坚,坚以女妻佛奴子定,拜为尚书、领军。(《魏书·氐传》,2227—2228页)

小眼　杨德子名。高宗时,拜难当营州刺史……卒……子德袭难当爵,早卒。子小眼袭,例降为公,拜天水太守,卒。子大眼,别有传。小眼子公熙袭爵。(《魏书·氐传》,2231页)

云按:小眼子大眼见前。

鼠　杨弘小名。(杨)文度自立为武兴王,遣使归顺,显祖授文度武兴镇将。……文度弟弘,小名鼠,犯显祖庙讳,以小名称。鼠自为武兴王,遣使奉表谢罪,贡其方物,高祖纳之。(《魏书·氐传》,2231—2232页)

苟奴　鼠子名。鼠遣子苟奴入侍,拜鼠都督、南秦州刺史、征西将军、西戎校尉、武都王。(《魏书·氐传》,2232页)

贺六浑　齐高祖神武字。齐高祖神武皇帝,姓高名欢,字贺六浑。……神武既累世北边,故习其俗,遂同鲜卑。……(尔朱)兆……与神武坐幕下,陈谢,遂授刀引头,使神武斫己。神武大哭曰:"自天柱薨背,贺六浑更何所仰,愿大家千万岁,以申力用。……"兆投刀于地。遂刑白马而盟。(《北齐书·神武纪上》,中华书局,1972年,1—6页。下引本书准此)

云按:北齐俗同鲜卑,书中所谓"字"乃鲜卑名。今用汉文姓名高欢,原鲜卑初名便作了"字"。对尔朱兆自称"贺六浑"以示敬,礼到化干戈。原鲜卑名后为字者都为幼名。下仿此。

步落稽　世祖武成小字。世祖武成皇帝讳湛,神武皇帝第九子。

《北齐书·武成纪》,89页)长广王湛先与浚不睦,进曰:"猛兽安可出穴。"……浚等闻之,呼长广小字曰:"步落稽,皇天见汝!"左右闻者,莫不悲伤。(《北齐书·高祖十一王传》,132—133页)

云按:高湛为高欢第九子,永安简王高浚为高欢第三子。时帝将赦浚等,而湛加恶词持异,故呼其小字而詈之。兄呼弟小字,乃常情。

道人 废帝小名。武成……乃与河南王孝瑜伪猎,谋于野,暗乃归。先是童谣云:"中兴寺内白凫翁,四方侧听声雍雍,道人闻之夜打钟。"时丞相府在北城中,即旧中兴寺也。凫翁,谓雄鸡,盖指武成小字步落稽也。道人,济南王小名。(《北齐书·上洛王思宗传》,183页)

云按:《北齐书·废帝纪》太皇太后令废帝为济南王,原为文宣皇帝高洋长子。废帝名殷字正道,乃后取名字。道人为小名。

阿伽 阳州公弟小名。阳州公永乐,神武从祖兄子也。……永乐弟长弼,小名阿伽。……时人皆呼为阿伽郎君。以宗室封广武王。(《北齐书·阳州公永乐传》,181—182页)

黄花 后主皇后小字。后主皇后穆氏,名邪利,本斛律后从婢也。……小字黄花,后字舍利。(《北齐书·穆后传》,128页)

菩萨 娄昭字。娄昭,字菩萨,代郡平城人也,武明皇后之母弟也。……为中军大都督……封安喜县伯,改济北公。(《北齐书·娄昭传》,196页)

百年 韩轨字。韩轨,字百年……少有志操,性深沉,喜怒不形于色。……齐受禅,封安德郡王。(《北齐书·韩轨传》,200页)

相贵 潘乐字。潘乐,字相贵,广宁石门人也。……乐初生,有一雀止其母左肩,占者咸言富贵之征,因名相贵,后始为字。(《北齐书·潘乐传》,201页)

云按:初生时有富贵相,故名,盖幼名。

铁伐 段韶小名。段荣,字子茂,姑臧武威人也。……长子

韶……字孝先,小名铁伐。少工骑射,有将领才略。高祖以武明皇后姊子,益器爱之。(《北齐书·段荣传》,207—208页)

杀鬼 叱列平字。叱列平,字杀鬼,代郡西部人也。世为酋帅。平有容貌,美须髯,善骑射。……天保初,授兖州刺史,寻加开府,别封临洮县子。(《北齐书·叱列平传》,278页)

长叉 叱列平弟名。(叱列平)弟长叉。武平末,侍中、开府仪同三司,封新宁王。(《北齐书·叱列平传》,278页)

辅国 杜弼小字。杜弼,字辅玄,中山曲阳人也,小字辅国。……本京兆杜陵人……弼儒雅宽恕,尤晓吏职,所在清洁,为吏民所怀。(《北齐书·杜弼传》,346—353页)

吉 邢邵小字。邢邵,字子才。河间鄚人,魏太常贞之后。……邵小字吉……永安初,累迁中书侍郎。(《北齐书·邢邵传》,475—476页)

思鲁 愍楚 颜之推二子名。颜之推,字介,琅邪临沂人也。……齐亡入周,大象末为御史上士。……有文三十卷,撰《家训》二十篇,并行于世……在齐有二子,长曰思鲁,次曰愍楚,不忘本也。(《北齐书·颜之推传》,617—626页)

云按:愍楚,原作"敏楚",今从《校勘记》钱氏《考异》改。

黑獭 宇文泰字。太祖文皇帝姓宇文氏,讳泰,字黑獭,代武川人也。其先出自炎帝神农氏。(《周书·文帝纪上》,中华书局,1971年,1页。下引本书准此)

云按:黑獭,本鲜卑名,今用"泰"名,原名作字,当为初名。蔡东藩《南北朝演义》第五十四回云:"泰小字叫作黑獭。"凡以原名今作字者,皆小字,下仿此。

陁罗尼 宇文觉字。孝闵皇帝讳觉,字陁罗尼,太祖第三子也。母曰元皇后。大统八年,生于同州官舍。(《周书·孝闵帝纪》,45页)

统万突 宇文毓小名。世宗明皇帝讳毓,小名统万突,太祖长子也。母曰姚夫人……太祖临夏州,生帝于统万城,因以名焉。(《周书·明帝纪》,53页)

祢罗突 宇文邕字。高祖武皇帝讳邕,字祢罗突,太祖第四子也。母曰叱奴太后。大统九年,生于同州,有神光照室。幼而孝敬,聪敏有器质。(《周书·武帝纪上》,63页)

胡摩 孝闵皇后名。孝闵帝元皇后名胡摩,魏文帝第五女。……及践祚,立为王后。帝被废,后出俗为尼。(《周书·皇后传》,143页)

娥姿 武帝李皇后名。武帝李皇后名娥姿,楚人也。……大象二年,尊为天元圣皇太后。……隋开皇元年三月,出俗为尼,改名常悲。(《周书·皇后传》,144-145页)

丽华 宣帝皇后名。宣帝杨皇后名丽华,隋文帝长女。帝在东宫,高祖为帝纳后为皇太子妃。宣政元年闰六月,立为皇后。(《周书·皇后传》,145页)

满月 宣帝皇后名。宣帝朱皇后名满月,吴人也。……生静帝。大象元年,立为天元帝后,寻改为天皇后。……隋开皇元年,出俗为尼,名法净。(《周书·皇后传》,146页)

月仪 宣帝皇后名。宣帝陈皇后名月仪,自云颍川人,大将军山提第八女也。大象元年六月,以选入宫,拜为德妃。月余,立为天左皇后。(《周书·皇后传》,147页)

乐尚 宣帝皇后名。宣帝元皇后名乐尚,河南洛阳人也。……大象元年七月,立为天右皇后。……帝崩,后出俗为尼,改名华胜。(《周书·皇后传》,147-148页)

炽繁 宣帝皇后名。宣帝尉迟皇后名炽繁,蜀国公迥之孙女。有美色。……大象二年三月,立为天左大皇后。……帝崩,后出俗为

尼,改名华首。(《周书·皇后传》,148页)

令姬 静帝皇后名。静帝司马皇后名令姬,柱国、荥阳公消难之女。大象元年二月,宣帝传位于帝,七月,为帝纳为皇后。(《周书·皇后传》,148页)

云按:诸皇后名,盖闺阁幼名。

菩萨 宇文导字。邵惠公颢,太祖之长兄也。……(子)导字菩萨。少雄豪,有仁惠,太祖爱之。(《周书·邵惠公颢传》,153—154页)

菩提 莒庄公子名。莒庄公洛生,少任侠,尚武艺,及壮,有大度,好施爱士。……子菩提,为齐神武所害。保定初,追赠大将军……大都督……袭爵莒国公。(《周书·莒庄公洛生传》,159页)

毗贺突 宇文宪字。齐炀王宪字毗贺突,太祖第五子也。……初封涪城县公。(《周书·齐炀王宪传》,187页)

弥俄突 宇文震字。宋献公震,字弥俄突。……大统十六年,封武邑公。(《周书·文闵明武宣诸子传》,201页)

云按:《北齐书·神武纪下》校勘记云:"今按《周书》卷一三《宋献公震传》说他小字'弥俄突'……可证《北史》作'俄弥突'是倒误。"指认为小字,今从之。

豆罗突 宇文直字。卫剌王直,字豆罗突。魏恭帝三年,封秦郡公。(《周书·文闵明武宣诸子传》,202页)

豆卢突 宇文招字。赵僭王招,字豆卢突。……魏恭帝三年,封正平郡公。(《周书·文闵明武宣诸子传》,202—203页)

侯幼突 宇文俭字。谯孝王俭,字侯幼突。武成初,封谯国公。(《周书·文闵明武宣诸子传》,203页)

埋智突 宇文纯字。陈惑王纯,字埋智突。武成初,封陈国公。(《周书·文闵明武宣诸子传》,204页)

立久突 宇文盛字。越野王盛,字立久突。武成初,封越国公。

（《周书·文闵明武宣诸子传》，204页）

度斤突 宇文达字。代奰王达，字度斤突。……武成初，封代国公。……建德三年，进爵为王。（《周书·文闵明武宣诸子传》，205页）

屈率突 宇文通字。冀康公通，字屈率突。武成初，封冀国公。（《周书·文闵明武宣诸子传》，205页）

尔固突 宇文逌字。滕闻王逌，字尔固突。……武成初，封滕国公。……建德三年，进爵为王。（《周书·文闵明武宣诸子传》，206页）

云按：以上诸王公字与"弥俄突"一例，俱为小字。

佛陁 广阳王子名。行台广阳王元深治兵北伐，引（于）谨为长流参军，特相礼接。所有谋议，皆与谨参之。乃使其子佛陁拜焉，其见待如此。（《周书·于谨传》，244页）

巨弥 于谨小名。于谨字思敬，河南洛阳人也。小名巨弥。……性沉深，有识量，略窥经史，尤好《孙子兵书》。……拜大司徒。（《周书·于谨传》，243—248页）

云按：《北史》本传作"大司寇"，《校勘记》云："诸本皆同，今不改。"今从之。《小字录》收"于谦小字巨引"，误，今重录正。

伏陁 独孤信子字。（独孤信子）善字伏陁，幼聪慧，善骑射，以父勋，封魏宁县公。（《周书·独孤信传》，267页）

云按：伏陁犹佛陀，乃译音字异，从俗取小名。

公奴 王德子小名。王德字天恩，代郡武川人也。……子庆，小名公奴，性谨厚。官至开府仪同三司。（《周书·王德传》，285—286页）

奴奴 杨忠小名。杨忠，弘农华阴人也。小名奴奴。……忠美髭髯，身长七尺八寸，状貌瑰伟，武艺绝伦，识量沉深，有将帅之略。（《周书·杨忠传》，314页）

万岁 李贤弟字。李贤字贤和，其先陇西成纪人也。……弟远，字万岁。幼有器局，志度恢然。（《周书·李贤传》，413—418页）

佛护 薛善弟字。薛善字仲良,河东汾阴人也。……善弟慎……字佛护,好学,能属文,善草书……起家丞相府墨曹参军。(《周书·薛善传》,623—624页)

阇提 郑伟小名。郑伟字子直,荥阳开封人也,小名阇(音舌)提,魏将作大匠浑之十一世孙。(《周书·郑伟传》,633页)

那 李昶小名。李昶,顿丘临黄人也,小名那。……转黄门侍郎,封临黄县伯……寻进爵为公。(《周书·李昶传》,686页)

胡三 宇文孝伯字。宇文孝伯字胡三,吏部安化公深之子也。……武成元年,拜宗师上士。(《周书·宇文孝伯传》,716页)

云按:胡三之"三"一作"王",一作"玉",张森楷云:"'王'字是,作'三'无义。"《校勘记》:"按《周书》中所谓字,多鲜卑名,不能以音译之有义无义断是非。"今从之,不改。

伯 卢光小字。卢光字景仁,小字伯,范阳公辩之弟也。……孝昌初,释褐司空府参军事,稍迁明威将军、员外侍郎。(《周书·儒林传》,807页)

嗣儿 许孝敬小名。许孝敬,吴人,小名嗣儿。劲勇过人,为察骁将。以大将军守河东。(《周书·萧察传》,871页)

荀娘 庾信子小名。检庾信荀娘之启,常有酸辛;咏陶潜通子之诗,每嗟漂泊。(李商隐《上河东公启》)

云按:谭家健主编《历代骈文名篇注析》(黄山书社,1988年)收此篇,董乃斌注:"荀娘,庾信儿子的小名","通子,陶渊明幼子的小名"。《小字录》以"通"收陶子小名。写成"通子",以与"荀娘"相对,为合骈文要求。

冯娘　李娘　王娘　穆娘 魏室妃嫔名。冯娘者,子昂妹也,初为魏任城王妃,适尔朱世隆。神武纳之,生浮阳公主。李娘者,延寔从妹也,初为魏城阳王妃。又王娘生永安王浚,穆娘生平阳王淹。并

早卒,不为太妃。(《北史·后妃传下》,中华书局,1974年,519—520页。下引本书准此)

云按:"娘"者,少女之号。凡此四娘俱当为闺中小名。

伽罗 隋文帝皇后讳。隋文献皇后独孤氏,讳伽罗,河南洛阳人,周大司马、卫公信之女也。信见文帝有奇表,故以后妻焉……后姊为周明帝后,长女为周宣帝后,贵戚之盛,莫与为比。(《北史·后妃传下》,532页)

苦桃 文帝母字。隋文帝外家吕氏,其族盖微。平齐后求访,不知所在。开皇初,济南郡上言,有男子吕永吉,自称有姑字苦桃,嫁为杨忠妻。勘验,知是舅子。始追赠外祖双周为上柱国……封齐郡公。(《北史·外戚传》,2695页)

真奴 李诉小名。李诉字元盛,小名真奴,范阳人也。……迁司空,进爵范阳公,出为侍中、镇南大将军、开府仪同三司、徐州刺史。(《北史·李诉传》,983—985页)

明达 卫昭王小字。卫昭王爽字师仁,小字明达。……文帝执政,授蒲州刺史,柱国。及受禅,立为卫王。(《北史·隋宗室诸王传》,2454页)

云按:《小字录》以小字"明进"收,与此异。

辟恶 河间王字。河间王弘字辟恶,文帝从祖弟也。……弘性明悟,有文武干略。数从征伐,累迁开府仪同三司。(《北史·隋宗室诸王传》,2455页)

阿祇 秦王字。秦王俊字阿祇。开皇元年,立为秦王。二年,拜上柱国。(《北史·隋宗室诸王传》,2466页)

阿客 杨谅幼字。庶人谅,字德章,一名杰,小字益钱。开皇元年,立为汉王。……先是,并州谣言:"一张纸,两张纸,客量小儿作天子。"时伪署官告身皆一纸,别授则二纸。谅闻谣喜曰:"我幼字阿客,

'量'与'谅'同音,吾于皇家最小。"以为应之。(《北史·隋宗室诸王传》,2471—2473页)

云按:《小字录》以小字"益钱"收入,但杨谅自言幼字"阿客","谅"与"量"同音,而"客"与"阿客"相应,"小儿"又与皇家"最小"相合,故信谣作天子。则小字外,又有一幼字。

万岁 史静子名。史万岁,京兆杜陵人也。父静,周沧州刺史。……万岁以忠臣子,拜开府仪同三司,袭爵太平县公。(《北史·史万岁传》,2523页)

护儿 来崇善名。来护儿字崇善,本南阳新野人,汉中郎将歙十八世孙也。……平陈之役,护儿有功焉,进位上开府。(《北史·来护儿传》,2589—2590页)

买奴 太学博士名。张买奴,平原人也。经义该博,门徒千余人,诸儒咸推重之。仕齐,历太学博士、国子助教。(《北史·儒林传上》,2728页)

恶头 颜生名。颜恶头,章武郡人也。妙于《易》筮。……诸卜者乃惊服曰:"是颜生邪!"相与具羊酒谢焉。……恶头野生,不知避忌。(《北史·艺术传上》,2931—2932页)

阿五 隋兰陵公主字。隋兰陵公主字阿五,文帝第五女也。美姿容,性婉顺,帝于诸女中,特所钟爱。(《北史·列女传》,3002页)

师子 李行之小字。礼之弟行之,字义通,小字师子。简静,善守门业……隋开皇初,封固始县男。(《北史·序传》,3321页)

僧伽　法藏 李充二子名。(李)充,字德广。弱冠,太学博士。……次(子)僧伽,修整笃业……僧伽弟法藏,内清介,位员外郎。(《北史·序传》,3323页)

钟葵 李休纂小字。延寔弟休纂,小字钟葵,颇有父风。位终太子舍人。(《北史·序传》,3335页)

唐宋时代

三郎 唐玄宗小字。玄宗小字三郎。幸蜀时,过梓潼县,上停驿问黄幡绰曰:"车上铃声颇似人语。"对曰:"似言'三郎郎当、三郎郎当'。"后因名琅珰驿。(冯梦龙《古今谭概》卷二十八《巧言》)

云按:此条见唐郑棨《天开传信记》,字句多异。宋王灼《碧鸡漫志》亦载。蔡东藩《唐史演义》第四十回:"睿宗辄问与太平议否?又问与三郎议否?三郎就是太子隆基,因他排列第三,故呼为三郎。"玄宗名隆基,是睿宗第三子,呼子"三郎"乃父亲呼儿小名之例。

大收 代宗豫小字。(玄宗)临崩前一日,尚吹紫玉笛数声,调极悲咽,相传有双鹤下庭,徘徊而去。次日已气息奄奄,召语侍儿宫爱道:"我本孔升真人,降生尘世,今将重皈仙班,当与妃子相见,亦复何恨。"又指示紫玉笛道:"此笛非尔所宝,可转给大收(夹批:系代宗豫小字)。"(蔡东藩《唐史演义》第五十八回)

风光 唐宣宗小字。在安徽泾县西南五里,林壑邃密,下临赏溪,循溪而入,有坞曰水西坑,最幽胜。相传唐宣宗尝游此,有诗云:"长安若问江南事,报道风光在水西。"风光,宣宗小字也。(臧励龢等《中国古今地名大辞典》"水西山"条)

云按:南朝宋齐梁陈皇帝都载小字于正史之本纪,唐史讳载,即使提及,也略而不记。如:"他日,高祖呼太宗小名谓裴寂等:'此儿典兵既久,在外专制,为读书汉所教,非复我昔日子也。'"(《旧唐书·高祖二十二子传》,中华书局,1975年,2415—2416页。下引本书准此)高祖呼太宗小名,但小名不出。因此,太宗小名隐没无闻。

灵龟 济南公子小字。楚王智云,高祖第五子也。……无子……以济南公世都子灵龟嗣焉。灵龟,永徽中历魏州刺史,政尚清严。(《旧唐书·高祖二十二子传》,2423页)

青雀 李泰小字。其年,太子承乾以罪废,魏王泰入侍,太宗面许立为太子,因谓侍臣曰:"昨青雀自投我怀云:'臣今日始得与陛下为子,更生之日也。臣唯有一子,臣百年之后,当为陛下杀之,传国晋王。'父子之道,故当天性,我见其如此,甚怜之。"遂良进曰:"陛下失言。"(《旧唐书·褚遂良传》,2731页)

云按:太宗语侍臣道:"昨日青雀(夹批:泰小字)投朕怀中"云云(蔡东藩《唐史演义》第二十回),点明"青雀"为李泰小字。晋王为太宗第九子,后即位为高宗。

玉环【一云**太真**】 杨氏小字。却说高力士奉玄宗命,往召美人,这人为谁?乃是寿王瑁的妃子杨氏。杨氏小字玉环,弘农华阴人。(蔡东藩《唐史演义》第四十七回)一说小字为太真。"奴家杨氏……生有玉环,在于左臂,上隐'太真'二字。因名玉环,小字太真。"(洪昇《长生殿》第四出《春睡》)

云按:《太真外传》云杨贵妃小字玉环,宠倾后宫。则贵妃小字有二说,一为玉环,一为太真。今并录之,以广闻。

兕子 太宗女小字。晋阳公主字明达,幼字兕子,文德皇后所生。(《新唐书·诸帝公主传》,中华书局,1975年,3648页。下引本书准此)

云按:太宗为子女取小名,高宗李治叫"雉奴",魏王李泰为"青雀",晋阳公主字"兕子",皆从俗取贱物为小名,为易养大。

裹儿 中宗女小字。安乐公主,最幼女。帝迁房陵而主生,解衣以裸之,名曰裹儿。(《新唐书·诸帝公主传》,3654页)安乐最幼,生于房州,帝自脱衣裹之,遂名曰裹儿,特宠异焉。(《旧唐书·后妃传

上》，2171页）

虫娘 玄宗女小字。寿安公主，曹野那姬所生。孕九月而育，帝恶之，诏衣羽人服。代宗以广平王入谒，帝字呼主曰："虫娘，汝后可与名王在灵州请封。"下嫁苏发。（《新唐书·诸帝公主传》，3660页）

羡门子 颜真卿小名。殷亮《颜鲁公行状》："公姓颜，名真卿，字清臣，小名羡门子，别号应方，京兆长安人。……年弱冠，开元二十二年进士及第，登甲科。"（董诰等《全唐文》卷五一四）

礼 薛仁贵小名。却说唐军与高丽交战，当先冲锋的白袍将校，为太宗所宠遇，优给赏赐。这人为谁？便是大名鼎鼎的薛仁贵。……他本世居龙门，家业耕种，小名是一礼字，因后来建功立业，四海名扬，人人叫他薛仁贵，所以转将小名搁起，但把表字流传。（蔡东藩《唐史演义》第二十一回）

五娘子 李君羡小名。李君羡……武安人也……太宗即位，累迁华州刺史，封武连郡公。贞观初，太白频昼见，太史占曰："女主昌。"又有谣言："当有女武王者。"太宗恶之。时君羡为左武卫将军，在玄武门。太宗因武官内宴，作酒令，各言小名。君羡自称小名"五娘子"，太宗愕然，因大笑曰："何物女子，如此勇猛！"又以君羡封邑及属县皆有"武"字，深恶之。会御史奏君羡与妖人员道信潜相谋结，将为不轨，遂下诏诛之。（《旧唐书·李君羡传》，2524—2525页）

云按：君羡应太宗酒令自报小名而被杀，成一冤案，后则天给以平反。得祸之由在小名"五娘子"。"娘子"犯"女主昌""女武王者"之说，"五"与"武"同音，封邑为"武连郡公"，属县为"武安"，又时为"左武卫将军"，在"玄武门"，故太宗甚恶之，借御史奏而杀之。此为武官内宴，出席者众，"各言小名"令，响应者必众，可惜只有君羡小名出，而他皆略去，若一一记下，则将成一小名大观了。

起之 柳公绰小字。柳公绰字起之，京兆华原人也。……父子

温,丹州刺史。公绰幼聪敏。(《旧唐书·柳公绰传》,4300页)

云按:《新唐书》本传云:始生三日,伯父子华曰:"兴吾门者,此儿也。"因小字起之。

哥奴 李林甫小字。李林甫,高祖从父弟长平王叔良之曾孙。……开元初,迁太子中允。时源乾曜为侍中……乾曜之男洁白其父曰:"李林甫求为司门郎中。"乾曜曰:"郎官须有素行才望高者,哥奴岂是郎官耶?"……哥奴,林甫小字。累迁国子司业。(《旧唐书·李林甫传》,3235页)

阿鼠 德妃父小字。又德妃之父尹阿鼠所为横恣,秦王府属杜如晦行经其门,阿鼠家僮数人牵如晦坠马殴击之,骂云:"汝是何人,敢经我门而不下马!"(《旧唐书·高祖二十二子传》,2416页)

虫儿 王珂小字。(王)珂即重荣兄重简子,出继重荣。由是争为蒲帅。瑶、珙上章论列,又与朱温书云:"珂非吾兄弟,予家之苍头也,小字虫儿,安得继嗣?"(《旧唐书·王重荣传》,4697页)

龙儿 刘季真父小字。刘季真者,离石胡人也。父龙儿,隋末拥兵数万,自号刘王,以季真为太子。(《旧唐书·梁师都传》,2281页)

六儿 刘季真弟小字。季真与弟六儿复举兵为盗,引刘武周之众攻陷石州。(《旧唐书·梁师都传》,2281—2282页)

婉儿 上官仪孙女名。中宗上官昭容名婉儿,西台侍郎(上官)仪之孙也。父庭芝,与仪同被诛,婉儿时在襁褓,随母配入掖庭。及长,有文词,明习吏事。(《旧唐书·后妃传上》,2175页)

阿忠 王仁皎小名。唐玄宗王皇后父名仁皎。玄宗……大声痛骂王后,且说要即日废去。王后泣下道:"妾不过得罪宠妃,并未尝得罪陛下。就使陛下不念结发旧情,独不记妾父阿忠(夹注:即仁皎小名)脱紫半臂易斗面,为陛下作生日汤饼么?"玄宗听到此言……把废后问题,又搁置了好几年。(蔡东藩《唐史演义》第四十四回)

六郎 张昌宗小字。张昌宗小字六郎，容貌俊美，高宗后武氏幸之。内史杨再思谄事之，或有誉昌宗之美者，曰：六郎貌似莲花。再思曰：不然，乃莲花似六郎耳。（《幼学琼林·花木》）

云按：《旧唐书·杨再思传》载："再思又谀之曰：'人言六郎面似莲花。再思以为莲花似六郎，非六郎似莲花也。'其倾巧取媚也如此。"（2919页）《幼学琼林》注本此，取其言明小字。

符 韩愈子小名。韩愈之子，小名符，读书城南，愈因作诗勉之曰："人不通古今，马牛而襟裾。身行陷不义，况望多名誉。"（《幼学琼林·鸟兽》）

宜娘 李师古女字。十四年，诛李师道，上顾谓宰臣曰："李师古虽自袭祖父，然朝廷待之始终。其妻于师道即嫂叔也。虽云逆族，若量罪轻重，亦宜降等。……"（崔）群对曰："……其妻近属，倘获宽宥，实合弘煦之道。"于是师古妻裴氏、女宜娘，诏出于邓州安置。（《旧唐书·崔群传》，4188页）

骥子 杜甫子小名。杜甫《忆幼子》诗："骥子春犹隔，莺歌暖正繁。"骥子，杜甫幼子宗武的小名。（《辞海·语词分册》"莺歌"下注）

云按：浦起龙《读杜心解》引朱注："公幼子宗武，小名骥子。"

周六 周七 柳宗元子名。柳宗元字子厚，河东人。……登进士第，应举宏辞，授校书郎、蓝田尉……为监察御史。……有文集四十卷……卒……年四十七。子周六、周七，才三四岁。（《旧唐书·柳宗元传》，4213—4214页）

仑郎 刘禹锡子小名。刘禹锡字梦得……白居易……集其诗而序之曰："彭城刘梦得，诗豪者也。……纸墨所存者，凡一百三十八首。其余乘兴仗醉，率然口号者不在此数。因命小侄龟儿编录，勒成两轴。仍写二本，一付龟儿，一授梦得小男仑郎，各令收藏，附两家文集。"（《旧唐书·刘禹锡传》，4210—4212页）

道护 元稹子名。元稹字微之,河南人。……稹聪警绝人,年少有才名,与太原白居易友善。工为诗,善状咏风态物色,当时言诗者称元、白焉。……拜平章事……卒……年五十三……有子曰道护,时年三岁……著……《元氏长庆集》。(《旧唐书·元稹传》,4327—4336页)

龟儿 白居易侄名。白居易序刘禹锡诗集云:"因命小侄龟儿编录。"(详见上文"仑郎"条)

云按:龟儿为居易弟白行简之子。龟儿、仑郎皆出以小名,为长辈行文之例。

冬郎 韩瞻子小字。李商隐《韩冬郎即席为诗相送》:"桐花万里丹山路,雏凤清于老凤声。"按韩偓,小字冬郎,十岁能诗。老凤,指其父韩瞻。"雏凤"句谓子胜于父。(《辞海·语词分册》"雏凤"下注)

沙哥 杨汝士小名。白香山诗有:"何似沙哥领崔嫂,碧油幢引向东川。"沙哥者,杨汝士小名。居易则杨之妹婿也。(袁枚《随园诗话·补遗》卷一)

樊素　蛮子 白居易家妓小名。初,居易罢杭州,归洛阳。于履道里得故散骑常侍杨凭宅,竹木池馆,有林泉之致。家妓樊素、蛮子者,能歌善舞。(《旧唐书·白居易传》,4354页)

云按:白居易诗:"樱桃樊素口,杨柳小蛮腰。"樊素,居易姬妾,善歌。小蛮,妓人,善舞。俱为白居易侍儿小名。

桂娘 李希烈妾小字。李希烈……有一个宠妾,本姓窦氏,小字桂娘,系汴州户曹参军窦良女儿,貌美能文。(蔡东藩《唐史演义》第六十八回)

无忌 孝女卫氏字。绛州孝女卫氏,字无忌,夏县人也。初,其父为乡人卫长则所杀,无忌年六岁,母又改嫁,无兄弟。及长,常思复仇。无忌从伯常设宴为乐,长则时亦预坐,无忌以砖击杀之。既而诣吏,称父仇既报,请就刑戮。(《旧唐书·列女传》,5141页)

碎金 刘寂妻夏侯氏字。刘寂妻夏侯氏……字碎金。父长云,为盐城县丞,因疾丧明。碎金乃求离其夫,以终侍养。(《旧唐书·列女传》,5143页)

阿足 李氏妻名。冀州鹿城女子王阿足者,早孤,无兄弟,唯姊一人。阿足初适同县李氏,未有子而夫亡。……为姊年老孤寡,不能舍去,乃誓不嫁,以养其姊。(《旧唐书·列女传》,5144—5145页)

伯娘　仲娘 窦氏二女字。奉天县窦氏二女伯娘、仲娘,虽长于村野,而幼有志操。(《旧唐书·列女传》,5147页)

朱三 梁太祖朱温小字。太祖……姓朱氏,讳晃,本名温,宋州砀山人。……父诚……帝即诚之第三子,母曰文惠王皇后。……昆仲三人,俱未冠而孤,母携养寄于萧县人刘崇之家。帝既壮……以雄勇自负……崇母自幼怜之……尝诫家人曰:"朱三非常人也,汝辈当善待之。"(《旧五代史·梁书·太祖纪一》,中华书局,1976年,1—2页。下引本书准此)

云按:蔡东藩《五代史演义》第一回:"温排行第三,小名便叫作朱阿三。"

遥喜 朱友珪小字。友珪,小字遥喜。母失其姓,本亳州营妓也。唐光启中,帝徇地亳州,召而侍寝。月余,将舍之而去,以娠告。……及期,妓以生男来告,帝喜,故字之曰遥喜。……受禅后封郢王。……乾化二年,弑太祖篡位,均王以兵讨之,自杀,追废为庶人。(《旧五代史·梁书·宗室传》,165页)

忠儿 王珂小字。王珂,河中人。……父重荣,河东节度使……珂本重荣兄重简之子,出继重荣。……重荣为部将……所害,推重荣弟重盈为蒲帅,以珂为行军司马。及重盈卒,军府推珂为留后。时重盈子……瑶、珙连上章论列,又与太祖书云:"珂非吾兄弟,盖余家之苍头也,小字忠儿,安得继嗣!"(《旧五代史·梁书·王珂传》,198页)

云按:此条见上文《旧唐书·王重荣传》,"忠儿"作"虫儿",因小字异文,录之以存疑。

亚子 后唐庄宗小字。晋王……谓克宁等曰:"以亚子累汝!"亚子,存勖小名也。(《通鉴纪事本末》卷四十《后唐灭梁》)

云按:《旧五代史·唐书·庄宗纪一》注引《北梦琐言》云:"昭宗曰:'此子可亚其父。'时人号曰'亚子'。"其父为晋王李克用,亚子是晋王长子。

邈佶烈 李嗣源小字。晋王又谓李嗣源曰:"尔宜亲往谕之,庶可全活。"时(王)彦章以重伤不能兴,嗣源至卧内以见之,谓嗣源曰:"汝非邈佶烈乎?"邈佶烈,盖嗣源小字也,彦章素轻嗣源,故以小字呼之。(《旧五代史·梁书·王彦章传》,292页)

菩萨奴 李从厚小字。闵帝,讳从厚,小字菩萨奴,明宗第三子也。母昭懿皇后夏氏……貌类明宗,尤钟爱。(《旧五代史·唐书·闵帝纪》,613页)

云按:《资治通鉴》卷二七九有"除去菩萨",胡三省注:"闵帝小字菩萨。"无"奴"字。

落落 李克用长子小名。太祖武皇帝,讳克用。(《旧五代史·唐书·武皇纪上》,331页)乾宁三年六月,李茂贞举兵犯京师。七月……武皇与汴军战于洹水之上,铁林指挥使落落被擒。落落,武皇之长子也。(《旧五代史·唐书·武皇纪下》,354页)

和哥 庄宗子小字。庄宗……使子继岌为承业起舞,舞罢,承业出宝带、币、马为赠,庄宗指钱积呼继岌小字以语承业曰:"和哥乏钱,可与钱一积,何用带、马为也?"(《新五代史·宦者传》)

满哥 庄宗子字。宰臣……上表,以魏博军变,请出内府金帛优给将士。……帝召宰臣于便殿,皇后出宫中妆奁银盆各二,并皇子满哥三人,谓宰臣曰:"……今宫中有者,妆奁、婴孺而已,可鬻之给军。"

(《旧五代史·唐书·庄宗纪八》,475页)

二十三 李从珂小字。末帝,讳从珂,本姓王氏,镇州人也。母宣宪皇后魏氏,以光启元年岁在乙巳,正月二十三日,生帝于平山。……明宗养为己子。小字二十三。(《旧五代史·唐书·末帝纪上》,625页)

进通 李嗣昭小字。李嗣昭,字益光,武皇母弟代州刺史克柔之假子也。小字进通,不知族姓所出。(《旧五代史·唐书·李嗣昭传》,701页)

云按:《新五代史·李嗣昭传》云:"李嗣昭,本姓韩氏,汾州太谷县民家子。"

留得 嗣昭子小字。嗣昭有子七人……次继韬……小字留得,少骄狠无赖。(《旧五代史·唐书·李嗣昭传》,706页)

武八 从郎 李嗣恩子小字。李嗣恩,本姓骆。……侍武皇于振武,及镇太原,补铁林军小校……赐姓名。……有子二人,长曰武八,骑射推于军中……幼曰从郎,累为行军司马。(《旧五代史·唐书·李嗣恩传》,710—711页)

污落 李存信本名。李存信,本姓张[按:《梁纪》作张污落,盖本名污落,赐名存信。(《旧五代史考异》)],父君政,回鹘部人也。……存信通黠多数,会四夷语,别六蕃书,善战,识兵势。……从武皇入关平贼,始补军职,赐姓名。(《旧五代史·唐书·李存信传》,713页)

云按:污落,盖本名,疑即原小名。

云郎 王都小字。王都,本姓刘,小字云郎,中山陉邑人也。……庄宗亲征镇州……过定州,都马前奉迎,庄宗幸其府第曲宴。……及明宗嗣位,加中书令,然以其夺据父位,深心恶之。(《旧五代史·唐书·王处直传》,731—732页)

得得 李继陶小名。李继陶者,庄宗初略地河朔,俘而得之,收养

于宫中,故名曰得得。(《旧五代史·唐书·王处直传》,733页)

铁山 薛志勤小字。薛志勤,蔚州奉诚人,小字铁山。初为献祖帐中亲信,乾符中,与康君立共推武皇定云中,以功授右牙都校……为昭义节度使。(《旧五代史·唐书·薛志勤传》,739—740页)

阳五 周德威小字。周德威,字镇远,小字阳五,朔州马邑人也。初事武皇为帐中骑督……庄宗……立……以功加检校太保、同平章事、振武节度使。(《旧五代史·唐书·周德威传》,749—751页)

佛留 王希全小字。(符)彦超,存审之长子也。少事武皇,累历牙职。……明宗……授骁卫上将军,改金吾上将军。……彦超厮养中有王希全者,小字佛留,粗知书计。(《旧五代史·唐书·符存审传》,759—760页)

十九郎 郑珏小字。初,珏应进士,十九年方登第,名姓为第十九人,自登第凡十九年为宰相,又昆仲之次第十九,时亦异之。[按《古今事类》云:郑珏当唐昭宗时作相,文章理道,典赡华美。小字十九郎,应举十九年方及第,又第十九人,至相亦十九年,时皆异之。考珏以光化中登第,历相梁、唐,而《古今事类》以为唐昭宗时作相,误也](《旧五代史·唐书·郑珏传》,779页)

生铁 张敬达小字。张敬达,字志通,代州人,小字生铁。……敬达少以骑射著名,庄宗知之,召令继父职,平河南有功,继加检校工部尚书。明宗即位……加检校太保、应州节度使。(《旧五代史·唐书·张敬达传》,933页)

会儿 朱守殷小字。朱守殷,小字会儿。庄宗就学,以厮养之役给事左右。及庄宗即位,为长直军使,虽列戎行,不闻战攻。(《旧五代史·唐书·朱守殷传》,971页)

冯六 石重杲小字。故皇子杲册赠太尉,进封陈王。(《旧五代史·晋书·高祖纪五》,1047页)《校勘记》:"按《欧阳史》卷一七《晋家人传》云:'陈王重杲,高祖幼子也。小字冯六,未名而卒,赠太傅,追封陈王,赐名重杲。'"

住儿 都监小名。相州节度使张彦泽、都监傅住儿部领大军入京。(《旧五代史·晋书·少帝纪五》,1124页)

阿檀 杨光远小字。杨光远,小字阿檀,及长,止名檀,唐天成中,以明宗改御名亶,以偏傍字犯之,始改名光远,字德明,其先沙陀部人也。(《旧五代史·晋书·杨光远传》,1290页)

窑十 郭允明小名。郭允明者,小名窑十,河东人也。……允明遂为高祖厮养,服勤既久,颇得高祖之欢心。(《旧五代史·汉书·郭允明传》,1414页)

雀儿 周太祖小名。太祖微时,在洛阳闻后贤淑,遂聘之。〔按《东都事略·张永德传》云:周太祖柴后,本唐庄宗之嫔御也。庄宗没,明宗遣归其家,行至河上……有一丈夫走过其门,衣弊不能自庇,后见之,惊曰:"此何人邪?"逆旅主人曰:"此马步军使郭雀儿者也。"后异其人,欲嫁之,请于父母。……所谓郭雀儿,即周太祖也〕(《旧五代史·周书·后妃传》,1599页)

云按:此事薛史不载。兹因出小字,故录之。太祖姓郭氏,讳威,字文仲,邢州尧山人。

青哥 剡王侗小字。剡王侗,太祖子,初名青哥,汉末遇害。太祖即位,诏赠太尉,赐名侗。显德四年追封。(《旧五代史·周书·宗室传》,1607页)

意哥 杞王信小字。杞王信,太祖子,初名意哥,汉末遇害。太祖即位,诏赠司空,赐名信。显德四年追封。(《旧五代史·周书·宗室传》,1607页)

定哥 太祖侄初名。定哥赠左千牛卫将军,赐名逊。(《旧五代史·周书·太祖纪二》,1468页)

宜哥　喜哥　三哥　太祖皇孙初名。(太祖)故皇孙三人：宜哥赠左骁卫大将军……喜哥赠武卫大将军……三哥赠左领卫大将军。(《旧五代史·周书·太祖纪二》,1468页)

云按：凡此诸"哥",皆初名,也即小字。三孙皆世宗子。

忙儿　宋彦筠小字。宋彦筠,雍丘人也。初隶滑州军,梁氏与庄宗夹河之战,彦筠时为战棹都指挥使,以劳迁开封府牙校。[按《洛阳缙绅旧闻记》：彦筠多力勇健,走及奔马。为小校时,欲立奇功,每见阵敌,于兜牟上阔为双髻,故军中目之为宋忙儿。后虽贵为节将,远近皆谓之宋忙儿。(《旧五代史考异》)](《旧五代史·周书·宋彦筠传》,1623页)

云按：《旧五代史·周书·李知损传》注引《五代史补》云："乾祐中,奉使郑州,时宋彦筠为节度。彦筠小字忙儿。"

大丑　李崧小字。李崧,深州饶阳人。父舜卿……尝谓宗人李鏻曰："大丑生处,形奇气异,前途应不居徒劳之地,赖吾兄诲激之。"大丑即崧之小字也。……拜端明殿学士、户部侍郎。(《旧五代史·汉书·李崧传》,1419-1420页)

桂郎　殷文圭小字。殷文圭,池州人,小字桂郎。居九华山苦学,所用墨池,底为之穴。唐末词场,请托公行,文圭与游恭独步场屋。……武义元年,拜翰林学士。有《登龙集》十卷。(《十国春秋·吴·殷文圭传》,中华书局,1983年,150页。下引本书准此)

彭奴　李昪小字。烈祖姓李,名昪,字正伦,小字彭奴,徐州人也。……彭奴以唐光启四年十二月二日生于彭城……母刘氏卒,遂托迹于濠之开元寺。……吴太祖攻濠州,得之,奇其貌,养以为子。而杨氏诸子不齿为兄弟,吴太祖乃以与大将徐温……遂冒姓徐氏,名知诰。(《十国春秋·南唐·烈祖本纪》,183页)

福金　皇后宋氏小名。元敬皇后宋氏,小名福金。父韫,江夏

人。后幼流离乱兵中,归升州刺史王戎。烈祖娶戎女,后为媵,得幸,生元宗。(《十国春秋·南唐·元敬皇后宋氏传》,261页)

时光 夫人种氏名。种氏名时光,江西良家女。性警悟,通书计。常靓妆去饰,而态度闲雅,宛若神仙。……烈祖……甚爱之……封夫人。(《十国春秋·南唐·夫人种氏传》,262—263页)

娥皇 昭惠国后周氏小字。昭惠国后周氏,小字娥皇,司徒宗之女。十九岁归皇宫。通书史,善歌舞,尤工琵琶……后主嗣位,册立为国后。(《十国春秋·南唐·后主昭惠国后周氏传》,264页)

流珠 后主嫔御名。流珠,后主嫔御也。性通慧,工琵琶。(《十国春秋·南唐·宫人流珠传》,269页)

秋水　窅娘 宫人名。又有秋水、窅娘两宫人。秋水喜簪异花,芳香拂鬓,常有蝶绕其上,扑之不去。窅娘纤丽善舞。(《十国春秋·南唐·乔氏传》,269页)

仁寿 烈祖子景逖小名。景逖字宣远。烈祖初受禅,以十二月二日为仁寿节,景逖以是日生,故小名仁寿。烈祖甚爱之。(《十国春秋·南唐·江昭顺王景逖传》,274—275页)

瑞保 仲宣小字。仲宣,后主次子也,小字瑞保。……封宣城公。三岁,读《孝经》,不遗一字。闻奏乐,辄审音调。(《十国春秋·南唐·岐怀献王仲宣传》,284页)

康乐 边镐小字。边镐,升州人。初生时,父梦宋永嘉守谢灵运来谒,愿托为父子,已而貌类梦中,因小字曰康乐。长事烈祖为通事舍人,以通敏称。《十国春秋·南唐·边镐传》,316页)

云按:谢灵运小字客儿,袭封康乐公。

阿铁 陈诲小字。陈诲,建安人。始生数月,足胫能履,父异之,因小字阿铁。及长,趫捷有勇力,时人呼为陈铁。(《十国春秋·南唐·陈诲传》,335页)

庆奴 后主宫人小字。李后主尝于黄罗扇上书,以赐宫人庆奴,云:"风情渐老见春羞,到处魂消感旧游。多谢长条似相识,强垂烟态拂人头。"(《十国春秋·拾遗·南唐》,1699页)

行哥 前蜀王建小字。高祖姓王,名建,字光图,许州舞阳人也。(《十国春秋·前蜀·高祖本纪上》,481页)晋晖,许州人。……初与高祖为盗,潜攻许昌民家……已而有人将饭献高祖前曰:"只此为御饭也。"高祖愈益喜,晖呼高祖小字曰:"行哥状貌异人,必有非常之举。"由是倾心事之。(《十国春秋·前蜀·晋晖传》,595页)

獦獠儿 王承肇小字。承肇,宗侃第三子也。生于雅州,小字獦獠儿。初,宗侃妻崔氏梦一人峨冠褒袖,自称周公山神,牵五色兽,逼其衣,遂孕承肇。居数年,有异人崔和尚者,见承肇,抚其背曰:"……此子麒麟之精也,必为王者之瑞。"……后累官武定节度使,加太尉。(《十国春秋·前蜀·王宗侃传》,573页)

合郎 王承检小字。王承检,事高祖,赐姓名……乾德时,官秦州节度使,筑防蕃城。至上邽山下获瓦棺……下得石刻篆字……铭曰:"车道之北,邽山之阳,深深送玉,郁郁埋香。……乾德丙年,坏者合郎。"是岁为乾德六年丙子岁,合郎故承检小字也。(《十国春秋·前蜀·王承检传》,588页)

云按:乾德为前蜀后主王衍年号。

义师 张格小字。张格字义师,或云其小字,世为河间人……少负才俊迈,而尚矫诡,有父风。……入成都,高祖擢为翰林学士。……武成元年,拜中书侍郎、同平章事,累加右仆射、太傅。(《十国春秋·前蜀·张格传》,602—603页)

兴师 张播小字。格弟播,小字兴师……唐昭宗赐姓名曰李俨,命宣谕淮南。(《十国春秋·前蜀·张格传》,604页)

解愁 潘炕妾字。潘炕字凝梦……为人有器量……高祖时累授武泰节度使,兼侍中。……有妾解愁者,负殊色,善为新声。高祖常至炕第见之,谓曰:"朕宫无此人。"意固属之。而炕辄对曰:"此臣下贱人,不敢以尘至尊。"弟峭语炕曰:"独不戒绿珠之祸邪?"炕曰:"人生贵适意,岂能爱死而自不足于心也!"人多服其有守。(《十国春秋·前蜀·潘炕传》,610页)

艳娘 舞伎小字。广政三年春正月,上元节,帝观灯露台,召舞倡李艳娘入宫,赐其家钱十万。(《十国春秋·后蜀·后主本纪》,710页)

龟图 南汉帝子名。大有五年……帝立其子耀枢为雍王,龟图为康王,弘度为宾王,弘熙为晋王,弘昌为越王。(《十国春秋·南汉·高祖本纪》,846页)

云按:南汉帝是年共立十九子为王,龟图以下俱以"弘"为班辈字。龟图为高祖次子,早卒,未以班辈字取大名,故书以小名"龟图"。

素馨 宫人小字。同时有宫人素馨,以殊色进,性喜插白花,遂名其花曰"素馨花"。(《十国春秋·南汉·美人李氏传》,879页)

寿 隽 高祖子小字。弘昌,高祖第五子也。……会高祖病卧寝中……召右仆射王翻与语,呼殇帝及中宗小字曰:"寿、隽虽长,然皆不足任吾事,惟弘昌类我,吾欲立之。"(《十国春秋·南汉·越王弘昌传》,880页)

云按:殇帝初名弘度,小字寿。中宗初名弘熙,小字隽。

小东 妓人小字。长沙妓人小东,能诗,得幸于马氏。后国入为郡,小东穷于京师里,而人不知,有询长沙宫中事者,必南望泣涕而后言。(《十国春秋·拾遗·楚》,1734页)

婆留 钱镠小字。武肃王姓钱,名镠,字具美,杭州临安人也。……始诞之夕,镠父宽方他适,邻人急奔告曰:"适过君家后舍,闻甲马声甚众。"宽疾驰归,而镠已生,复有红光满室。宽怪之,将弃于水丘氏之井。镠大母知非常人,固不许,因小字曰婆留,而井亦以名。(《十国春秋·吴越·武肃王世家上》,1045页)武肃王省茔垄,延见故老。有邻媪九十余,携角黍壶浆迎于道,镠下车亟拜。媪抚其背,犹以小字呼之,曰:"钱婆留,喜汝长成。"(《十国春秋·拾遗·吴越》,1735页)

云按:"大母",祖母。罗隐时仕吴越,因作《婆留井颂》,有云"时有长虹,上贯青冥。是惟王气,宅相先征"。

万金 忠逊王字。忠逊王名弘倧,字隆道。文穆王第七子,孝献世子同母弟也。诞生之夕,文穆王梦人以黄金一箧献者,因字之曰万金。(《十国春秋·吴越·忠逊王世家》,1142页)

虎子 忠懿王小字。忠懿王名俶,字文德,初名弘俶。文穆王第九子也……母曰吴氏。(《十国春秋·吴越·忠懿王世家上》,1147页)元宗保大中,伏龟山圮得石函……铭曰:"……东邻家道阙,随虎遇明征。"……厥后吴越忠懿王举国入觐,即"东邻"也。"家道阙",意无钱也。"随虎遇",戊寅也,又忠懿王小字虎子。一时以为绝解。(《十国春秋·南唐·后主本纪》,258页)

云按:忠懿王小字,不见《世家》,赖南唐本纪幸存之。生于戊寅,故小字虎子。

汉月 恭懿夫人名。恭懿夫人吴氏,名汉月,钱塘人。……幼以婉淑侍文穆王,忠懿王盖其所出也……夫人善鼓琴,性慈惠而节俭……薨,年四十,谥曰恭懿。(《十国春秋·吴越·恭懿夫人吴氏传》,1189页)

新月 仁惠夫人名。仁惠夫人许氏,名新月,台州人也。雅善音律,文穆王后庭乐部悉命夫人掌焉。……文穆王袭位,敕封吴越国夫人。……薨,年四十四,谥曰仁惠。(《十国春秋·吴越·仁惠夫人许氏传》,1190页)

太真 忠懿王妃名。忠懿王妃孙氏,名太真,钱塘人。……端重敏惠……好学读书,通《毛诗》《鲁论》大义。……汉制拜夫人,周敕封吴越国贤德夫人。宋开宝五年进封贤德顺睦夫人。(《十国春秋·吴越·忠懿王妃孙氏传》,1190—1191页)

和尚 弘亿小字。弘亿字延世,文穆王第十子。母沈氏,初孕,文穆王梦僧入寝帐,已而生弘亿,故小字曰和尚。天资俊拔,善属文。(《十国春秋·吴越·弘亿传》,1205页)

九龄 弘偓子字。弘偓,字赞尧,文穆王第十二子也。……显德五年卒……子昭度,字九龄,仕至供奉官。(《十国春秋·吴越·弘偓传》,1207页)

宝光 屠瑰智字。屠瑰智字宝光。其先河东人,晋将军击之后也……海盐人。母顾,梦抱璧有光而生,故名瑰智。(《十国春秋·吴越·屠瑰智传》,1231页)

云按:"梦抱璧有光而生",故字"宝光",当为小字。

金凤 昭武帝侍婢名。(惠宗)立淑妃陈氏为皇后。帝两娶刘氏,皆美而无宠。后本昭武帝侍婢金凤,帝嬖之。(《十国春秋·闽·惠宗本纪》,1328页)

云按:王审知受封闽王,薨,谥曰忠懿,尊曰昭武王。金凤本昭武王侍婢,当是侍儿小名。

春燕 康宗妃名。康宗名继鹏,惠宗长子也。惠宗既殂,明日,辛巳,继鹏称皇太后令监国,是日,即皇帝位,更名昶。……大赦境内,立李春燕为贤妃。(《十国春秋·闽·康宗本纪》,1329页)

云按:康宗是惠宗长子。惠宗赐以宫人春燕。至惠宗殂,康宗即位,先立为贤妃,继立为皇后。春燕本是宫人,当是侍儿小名。

春莺 延羲侍婢名。《景宗本纪》注引《五国故事》云:"(王)延羲一夕醉甚,命以宰相李准弃市,而准方大醉,卧于市中,唯呼其婢春莺已。行刑者不敢杀,因致之非所。明日延羲视朝,使召准,左右因夜

来之命对之,延羲都不能知。"(《十国春秋·闽·景宗本纪》,1340页)

月君 徐寅妻字。徐寅字昭梦,莆田人。登唐乾宁进士第,赋《止戈为武赋》,一烛裁尽已就……礼部侍郎李择览而奇之。是岁,释褐授秘书省正字。……已而走归家里,太祖辟掌书记。注引《九国志》云:王审知礼待简略,内不能平,一旦拂衣去。注又云:寅妻字月君,与寅偕隐。(《十国春秋·闽·徐寅传》,1374—1375页)

月华 雪英 石氏二女字。石氏二女,福州永贞镇人也。长曰月华,次曰雪英,有国色,涉猎书史。太祖时处州青巾贼乱,略地至镇,二女遇贼不屈,投水死。水傍故有飞来石,人因名曰石八娘岩。(《十国春秋·闽·石氏二女传》,1398页)

得生 齐己俗名。僧齐己,益阳人,本佃户胡氏子也。注云:俗名胡得生。(《十国春秋·荆南·僧齐己传》,1471页)

三猪 刘继元子小字。英武帝继元。宋帝次太原……手诏谕帝,曰:"……继元速降,当保富贵。"……以帝为节度使。淳化中薨,遗奏以六岁子三猪为托。……三猪赐名守节,授西京作坊副使。(《十国春秋·北汉·英武帝本纪》,1506—1507页)

淑哥 辽公主字。卢俊,尚□□公主,为驸马都尉。广运三年,宋师压境,俊诣辽乞师有功。……以国亡出奔……署同政事门下平章事。明年,辽景宗以公主淑哥下嫁俊。(《十国春秋·北汉·卢俊传》,1527页)

神奴 萧某名。久之,(俊)与淑哥不协,诏离之,改适萧神奴,遂出俊为兴国军节度使。(《十国春秋·北汉·卢俊传》,1527页)

丹砂 周延翰婢名。江南太子校书周延翰,性好道,颇修服饵之事。尝梦神人以一卷书授之……惟记其末句云:"紫髯之畔有丹砂。"……从事建业,卒,葬于吴大帝陵侧。无妻子,惟一婢名丹砂。(《十国春秋·拾遗·南唐》,1690页)

宜爱 宫中美人字。江南宫中有香,名"宜爱香",因美人字宜爱也。(《十国春秋·拾遗·南唐》,1695页)

金卮 丁氏婢字。前蜀青石镇陈洪裕妻丁氏,妒杀其婢金卮,潜于本家埋瘗,仍榜通衢,云婢逃走。经年迁居夹江,夏潦飘坏旧居,渠岸见死婢,容质不变,镇将具状报州,追勘款伏。尸一夕坏腐,遂置丁(氏)于法。(《十国春秋·拾遗·前蜀》,1716页)

云英 钟陵妓字。钟陵妓云英,(罗)隐与之有旧,下第见之,云英曰:"罗秀才尚未脱白。"隐赠诗云:"钟陵醉别十余春,重见云英掌上身。我未成名君未嫁,可能俱是不如人。"(《十国春秋·拾遗·吴越》,1740页)

香孩儿 宋太祖小字。且说后唐明宗天成二年,洛阳的夹马营内,生下一个香孩儿,远近传为异闻。……这香孩儿……便是宋太祖赵匡胤。(蔡东藩《宋史演义》第一回)

云按:"太祖,宣祖仲子也,母杜氏。后唐天成二年,生于洛阳夹马营,赤光绕室,异香经宿不散,体有金色,三日不变。"(《宋史·太祖纪》,中华书局,1985年,2页。下引本书准此)香孩儿名本此,当为小字,由初生时异香而来。

受益 宋仁宗初名。仁宗,讳祯,初名受益,真宗第六子,母李宸妃也。……章献皇后无子,取为己子养之。天性仁孝宽裕,喜愠不形于色。(《宋史·仁宗纪》,175页)

十三 宋英宗小字。帝(仁宗)谓光献曰:"吾夫妇老无子,旧养十三、滔滔,各已长立。朕为十三,后为滔滔主婚,使相娶嫁。"时宫中谓天子娶妇,皇后嫁女云。(邵伯温《邵氏闻见录》卷三,中华书局,1983年,20页)

云按:英宗于仁宗为侄,宣仁后于光献为甥,自幼同养宫中,皇后嫁外甥女给天子侄,故云"天子娶妇,皇后嫁女"。英宗讳曙,濮安懿王允让第十三子,母曰仙游县君任氏。明道元年(壬申)正月三日生,"初,王梦两龙与日并堕,以衣承之。及帝生,赤光满室,或见黄龙游光中"(《宋史·英宗纪》,253页)。允让第十三子,故小名十三。仁宗呼小名而言事。

羊儿 宋孝宗小名。

云按:孝宗,太祖七世孙也,父子偁,母张氏。初,"王夫人张氏梦人拥一羊遗之曰:'以此为识。'已而有娠,以建炎元年(丁未)十月戊寅生帝于……官舍,红光满室,如日正中。少长,名曰伯琮"(《宋史·孝宗纪》,615页)。梦人遗一羊,又值丁未羊年生,故小名羊儿。正史明小名之由,惟小名略而不言。

滔滔 英宗宣仁皇后小字(详见上文"十三"条)。

凤娘 宋光宗李皇后小字。光宗慈懿李皇后,安阳人,庆远军节度使、赠太尉道之中女。初,后生,有黑凤集道营前石上,道心异之,遂字后曰凤娘。(《宋史·后妃传下》,8653页)

八哥 太祖兄子小名。(太祖)封兄子德崇为燕王,乳名八哥,人遂称为八大王。(《杨家将演义》第一回,浙江人民出版社,1980年。下引本书准此)

铁牛 陶榖小字。陶榖小字铁牛,李涛出典河中,尝寄陶书云:"每至河源,即思灵德。"陶初不为意,久之方悟。盖河中有张燕公铸系桥铁牛故也。(冯梦龙《古今谭概》卷二十二"铁牛"条)

云按:陶榖,《宋史》有传,周世宗时,迁兵部尚书,宋初,转礼部尚书,依前翰林承旨。性急率,强记嗜学,精通经史,诸子佛老,感所总览。"初,太祖将受禅,未有禅文,榖在旁,出诸怀中而进之曰:'已成矣。'太祖甚薄之。"(《宋史·陶榖传》,9238页)

同文 苏轼小字。苏轼,字子瞻……小字同文。(孔凡礼《苏轼年谱》,中华书局,1998年。下引本书准此)

同叔　苏辙小字。(苏)辙,字子由,小字同叔。(《苏轼年谱》)

竺僧　苏轼次子小名。苏轼次子迨,剃落无净,为祝之,因名竺僧。(《苏轼年谱》)

似叔　苏轼三子小名。苏轼三子过,小名似叔,熙宁五年四月四日生,颇易养,名似叔。(《苏轼年谱》)

干儿　苏轼四子小名。苏轼四子遁,小名干儿。(《苏轼年谱》)

云按:《小字录》收入苏辙二子苏迟、苏适小名,而苏轼三子小名未录,此补之。

僧哥　欧阳修子小名。昔一长老在欧阳公座上,见公家小儿有小名僧哥者,戏谓公曰:"公不重佛,安得此名?"公笑曰:"人家小儿,要易长育,往往以贱物为小名,如狗羊犬马之类是也。"闻者莫不绝倒。(邢居实《拊掌录》)

铁柱【又云玉雪儿】　辛弃疾子小名。辛弃疾有一个小孩叫辛赣,小名铁柱,又叫做玉雪儿。(季旭升《最美国学宋词》,中央编译出版社,2014年)

荣　陆佃小字。楚公(陆佃字农师)生于鲁墟故居,太傅(陆轸字齐卿)曰:"是儿必荣吾家。"遂以"荣"为小字。(陆游《家世旧闻》上)

景　陆宰小字。先君生于京师,是时,楚公为小宗伯,居丽景门(楚公有诗曰:"丽景门东地偏小。"盖记所居也),故以"景"为小字。(陆游《家世旧闻》上)

云按:陆轸是陆游曾祖父,陆佃是祖父,陆宰是其父。陆游著《家世旧闻》,"因读《柳氏训序》,载先世小字,故谨记之,亦惧子孙寖远有不知者也"。家世宗谱谨记小字,其故在此。

六郎　杨延昭小名。延昭智勇善战……在边防二十余年,契丹惮之,目为杨六郎。(《宋史·杨业传》,9308页)

云按:杨业七子,杨业战没,其子延玉也没。朝廷录其子延昭为崇仪副使,次子殿直延浦、延训并为供奉官,延瑰、延贵、延彬并为殿直。皆见《宋史》,其他书记七子名或有异。

二郎 三郎 四郎 杨业子小名。与辽幽州之战,杨家数子遇难。渊平与河东三百敢死军,俱皆遇害,并未走脱一人;二郎延广,被辽兵射落马下,众军踩踏而死;三郎延庆,被一阵短剑军乱砍而死;四郎延朗,被辽兵绊倒其马,活捉而去;延德不知下落。(《杨家将演义》第九回)

五郎 延德小名。六郎跟五郎到五台山某寺方丈中坐定,六郎曰:"当时与哥哥俱战败,离散之后,杳无音信,却缘何到此出家?"延德曰:"当时鏖战辽兵,势甚危迫,料难脱身,遂削发为僧,直至五台山来。"(《杨家将演义》第九回)

七郎 延嗣小名。七郎到寨下马,叫军士快禀元帅(潘仁美):"杨延嗣回取救兵!"众人曰:"元帅正在饮酒,汝慌怎的?"七郎大怒……仁美是夜将七郎缚在树上,叫士兵以乱箭射死。(《杨家将演义》第八回)

八娘 九妹 杨业二女小名。长女名琪,次女名瑛。寇准大喜曰:"汝姓甚名谁?"八娘答曰:"妾乃杨令公长女八娘也。"准又问另一女将:"汝是谁?"九妹曰:"妾亦杨令公次女九妹是也。"亦令录其名与功焉。(《杨家将演义》第十二回)

獾儿 王安石小字。盖士宁出入介甫家,识介甫之初诞生,故竟呼小字曰"獾儿"也。(蔡绦《铁围山丛谈》卷四)

蒨桃 寇准侍儿小名。蒨桃,寇莱公妾,有《呈寇公》诗:"一曲清歌一束绫,美人犹自意嫌轻。不知织女萤窗下,几度抛梭织得成。……"注引《侍儿小名录拾遗》云:"莱公因会,赠歌姬以束绫,蒨桃作诗呈公。"(《宋诗纪事》卷八十七)

庆娘 湘湘 高翥侍儿小名。高翥字九万,余姚人,作《题二小姬扇》诗:"庆娘颦翠眉,春瘦怯罗衣。笑问采花蝶,如何成对飞。""湘湘未识羞,独坐抱箜篌。贪学耆婆舞,抬身拜部头。"(《宋诗纪事续补》卷六十)

宜恩　匀奴　洪氏侍儿小名。周紫芝诗《吊洪氏女并两侍儿》:"就死由来不自疑,玉颜那为贼锋低。了知今日投渊妇,犹胜当年断臂妻。"注引《梁溪漫志》云:"中兴死节之士固不乏,而女子守节者亦多有之。洪鸿父羽之女适繁昌焦洧,一日遇巨盗于江中,欲逼之,女义不受污,投江而死。两侍儿,大曰宜恩,小曰匀奴,姓吴氏,女兄弟也,俱有色艺,亦相随赴水死。"(《宋诗纪事》卷四十六)

秋李　昭华　女奴小名。黄庭坚诗《青奴》:"秋李四弦风扫席,昭华三弄月侵床。我无红袖堪娱夜,正要青奴一味凉。"注引《侍儿小名录拾遗》云:"秋李、昭华,贵人家两女奴也。"(《宋诗纪事》卷三十三)

国香　田氏侍儿小名。黄庭坚诗《水仙花》:"淤泥解作白莲藕,粪壤能开黄玉花。可惜国香天不管,随缘流落小民家。"又高荷诗《赋国香》注引《能改斋漫录》云:"国香,荆渚田氏侍儿名也。山谷自南溪召为吏部员外郎,留荆州,乞守当涂,待报。所居与此女子为邻,山谷偶见之,以为幽闲姝美,目所未睹。"(《宋诗纪事》卷三十三)

朝云　苏轼侍儿小名。传元祐在朝时,尝与侍儿及朝云戏谑。《谱》引《梁溪漫志》卷四《侍儿对东坡语》:"东坡一日退朝,食罢,扪腹徐行,顾谓侍儿曰:'汝辈且道是中有何物?'一婢遽曰:'都是文章。'坡不以为然。又一人曰:'满腹都是识见。'坡亦未以为当。至朝云,乃曰:'学士一肚皮不入时宜。'坡捧腹大笑。"(《苏轼年谱》卷三十三)

榴花　苏轼妾小名。《西塘集耆旧续闻》卷二引陆淞语,谓苏轼有妾名榴花,朝云死后,惟榴花独存。(《苏轼年谱》卷二十九)

碧桃　苏轼妾小名。《都昌志》称,时公南迁,遣侍妾碧桃于县,因为此诗:"鄱阳湖上都昌县,灯火楼台一万家,水隔南山人不渡,东

风吹老碧桃花。"(《苏轼年谱》卷三十三)

青奴 钱伯瞻侍儿小名。轼尝与庭坚至钱伯瞻家,钱出侍儿度曲,与庭坚同作《清人怨》。《谱》引《观林诗话》:"钱伯瞻有侍儿,妙丽为一时衣冠家桃李之冠,故时人号花王,即东坡、涪翁赓和蓬字韵诗所谓'安得春笋手,为我剥莲蓬'者也。名青奴。"(《苏轼年谱》卷二十六)

柔奴 王巩侍儿小名。苏东坡作《定风波》词,序云:"王定国(王巩字定国)歌儿曰柔奴,姓宇文氏,眉目娟丽,善应对,家世住京师。定国南迁归,余问柔:'广南风土,应是不好?'柔对曰:'此心安处,便是吾乡。'因为缀词云。"考柳州志:"王巩侍儿柔奴。"与词叙同。

云孙 文天祥小名。天祥出生前夕,祖父文时用梦见孙儿腾云而上,因此他出生后,祖父为他取小名"云孙",并据此取学名"天祥",字"履善"。(雷风行《姓名与人生》,光明日报出版社,2004年修订版,121页)

云按:文天祥,《宋史》有传,年二十举进士第一。为人"体貌丰伟,美晳如玉",但不及腾云字样,又小字"从龙"。

千里　骥儿 王佐字宣子,小名千里,小字骥儿,年二十。本贯绍兴府山阴县。(《绍兴十八年同年小录》,钦定《四库全书》本,19—20页。下引本书准此,仅注页码)

云按:《绍兴十八年同年小录》,收入《钦定四库全书·史部七》。《宋史·高宗纪》绍兴十八年"赐礼部进士王佐以下三百三十人及第、出身"。主管者编辑同年小录。《小录》中多记进士小名、小字。《宋史》纪传罕见帝王、臣下小字,故《小录》殊属可贵,因摘记于后,以广闻见。《宋史·选举志三·宗学》南宋度宗咸淳九年(1273)诏:"凡无官宗子应举,初生则用乳名给据,既长则用训名。"训名即正式大名。用"乳名"知由来已久。

丙哥　长寿 董德元字体仁,小名丙哥,小字长寿,年五十三。

本贯吉州永丰县。(20页)

叔祯　石老　陈孺字汉卿,小名叔祯,小字石老,年三十一。本贯抚州临川县。(20页)

佑儿　多男　莫汲字子及,小名佑儿,小字多男,年二十六。本贯开封府开封县。(20页)

亨儿　汝嘉　萧燧字照邻,小名亨儿,小字汝嘉,年二十六。本贯临江军新喻县。(21页)

高郎　安岳　王忠彦字成父,小名高郎,小字安岳,年四十二。本贯眉州眉山县。(21页)

衍孙　祖命　葛邲字周先,小名衍孙,小字祖命,年三十五。本贯开封府祥符县。(21页)

兴宗　桂郎　陈闻远字元举,小名兴宗,小字桂郎,年五十四。本贯衢州开化县。(22页)

阿五　星卿　叶谦亨字伯益,小名阿五,小字星卿,年三十四。本贯处州丽水县。(22页)

泰哥　通甫　何钦承字绍说,小名泰哥,小字通甫,年五十一。本贯建州浦城县。(22页)

庆郎　西父　甘焯字明远,小名庆郎,小字西父,年二十二。本贯开封府祥符县。(22—23页)

义尊　荣老　沈文德,小名义尊,小字荣老,年四十五。本贯开封府开封县。(23页)

蔡骥　僧朝　刘季裴字少度,小名蔡骥,小字僧朝,年二十六。本贯开封府开封县。(23页)

政郎　尧臣　朱熙载字舜咨,小名政郎,小字尧臣,年二十四。本贯处州缙云县。(23页)

保郎　圣远　吴峙字令德,小名保郎,小字圣远,年四十四。本

贯常州无锡县。（23—24 页）

阿崧　崧郎　刘镇字子山，小名阿崧，小字崧郎，年三十五。本贯温州乐清县。（24 页）

寿翁　朝任　王亮功字舜咨，小名寿翁，小字朝任，年四十五。本贯福州长溪县。（24 页）

慧哥　慧老　虞育字任之，小名慧哥，小字慧老，年四十四。本贯仙井监仁寿县。（24 页）

道郎　寿儿　温镗字授之，小名道郎，小字寿儿，年三十九。本贯河南府新安县。（24—25 页）

庆孙　季华　胡元质字长文，小名庆孙，小字季华，年二十二。本贯平江府长洲县。（25 页）

端承　止臣　章谥字靖之，小名端承，小字止臣，年四十五。本贯处州丽水县。（25 页）

惠老　老哥　柴衡字元忠，小名惠老，小字老哥，年二十五。本贯衢州江山县。（25 页）

胜郎　耆老　芮烨字国器，小名胜郎，小字耆老，年三十五。本贯湖州乌程县。（25—26 页）

杨老　褊子　林公望字税山，小名杨老，小字褊子，年四十八。本贯秀州华亭县。（26 页）

应寿　彭夫　陈丰字宜中，小名应寿，小字彭夫，年三十九。本贯兴化军仙游县。（26 页）

昌朝　秀叔　李彦颖字秀实，小名昌朝，小字秀叔，年三十。本贯湖州德清县。（26 页）

吉老　吉父　朱爕字季辅，小名吉老，小字吉父，年三十二。本贯邛州临邛县。（27 页）

麟子　祖周　张颖字仲山，小名麟子，小字祖周，年二十一。本

贯绍兴府山阴县。(27页)

郭哥　仙卿　秦渊字处静,小名郭哥,小字仙卿,年三十六。本贯扬州高邮县。(27页)

于孙　纯老　索扬字粹道,小名于孙,小字纯老,年三十一。本贯蜀州晋原县。(27—28页)

禄会　大同　李皦如字仲明,小名禄会,小字大同,年二十三。本贯简州阳安县。(28页)

郑行　郑公　詹叔善字继道,小名郑行,小字郑公,年五十四。本贯信州玉山县。(28页)

四十四　兴宗　吴琼字景玉,小名四十四,小字兴宗,年三十一。本贯开封府开封县。(28页)

秀儿　元颖　洪邦直字应贤,小名秀儿,小字元颖,年三十六。本贯饶州乐平县。(28—29页)

星郎　德星　余童字端蒙,小名星郎,小字德星,年二十四。本贯饶州乐平县。(29页)

桂孙　蟾客　蹇驹字少刘,小名桂孙,小字蟾客,年二十六。本贯潼川府盐亭县。(29页)

郑哥　茂卿　吴杉字少干,小名郑哥,小字茂卿,年二十五。本贯嘉州洪雅县。(29页)

喜哥　善老　李承字舜卿,小名喜哥,小字善老,年三十七。本贯眉州彭山县。(29—30页)

江郎　江郎　张诺字季然,小名江郎,小字江郎,年二十一。本贯彭州崇宁县。(30页)

胜郎　秀永　朱三省字子和,小名胜郎,小字秀永,年四十六。本贯湖州安吉县。(30页)

外孙　外孙　田兴宗字德远,小名外孙,小字外孙,年三十三。

本贯处州丽水县。（30页）

桂郎　清卿　徐存字去非，小名桂郎，小字清卿，年三十。本贯婺州兰溪县。（30—31页）

骥子　德称　黎梓字林仲，小名骥子，小字德称，年四十三。本贯潭州醴陵县。（31页）

庄过　五哥　张恪字季武，小名庄过，小字五哥，年二十九。本贯衢州江山县。（31页）

仙哥　子甫　杨岳字子山，小名仙哥，小字子甫，年二十三。本贯嘉州龙游县。（31页）

祖郎　蔡乞　冉徽之字美，小名祖郎，小字蔡乞，年二十八。本贯梁山军梁山县。（31—32页）

骥哥　骥哥　万介字廷老，小名骥哥，小字骥哥，年五十一。本贯开封府祥符县。（32页）

铁僧　延嗣　潘观国字元宾，小名铁僧，小字延嗣，年四十九。本贯泗州盱眙县。（32页）

省郎　朝用　朱鹤字冲远，小名省郎，小字朝用，年三十九。本贯果州南充县。（32页）

彭老　寿乡　张伟字书言，小名彭老，小字寿乡，年五十五。本贯秀州华亭县。（33页）

闽汉　蔡师　冯忠嘉字献道，小名闽汉，小字蔡师，年三十八。本贯汝州梁县。（33页）

荣老　三哥　何性仁字元习，小名荣老，小字三哥，年四十八。本贯渠州邻水县。（33页）

贵郎　文弟　龚滂字清夫，小名贵郎，小字文弟，年二十六。本贯信州上饶县。（33—34页）

五哥　黄克仁字己任，小名五哥，年二十三。本贯潼川府郪县。

(34 页)

贵儿　任道　黎商老字华起,小名贵儿,小字任道,年二十六。本贯成都府广都县。(34 页)

二哥　二哥　王人鉴字克明,小名二哥,小字二哥,年三十二。本贯邵武军建宁县。(34 页)

椿寿　椿寿　赵不愧字守正,小名椿寿,小字椿寿,年三十。本贯宗正寺玉牒所。(34—35 页)

模　经远　谢鸿字可大,小名模,小字经远,年五十。本贯邵武军邵武县。(35 页)

寿翁　寿翁　赵善岀字山甫,小名寿翁,小字寿翁,年二十七。本贯玉牒所。(35 页)

道升　彦高　张商卿字彦刚,小名道升,小字彦高,年五十。本贯建州建安县。(35 页)

胜童　成童　卢彦文字元质,小名胜童,小字成童,年五十一。本贯兴化军莆田县。(36 页)

寿卿　行成　赵像之字民则,小名寿卿,小字行成,年二十一。本贯玉牒所。(36 页)

庆孙　绍祖　赵彦文字元质,小名庆孙,小字绍祖,年四十。本贯玉牒所。(36 页)

庆隆　馀庆　陈大方字少广,小名庆隆,小字馀庆,年五十三。本贯福州长乐县。(36—37 页)

成郎　必大　魏师逊字良翰,小名成郎,小字必大,年四十一。本贯建康府溧水县。(37 页)

盘郎　季良　尤袤字延之,小名盘郎,小字季良,年二十二。本贯常州无锡县。(37 页)

秀老　大秀　孟致诚字性之,小名秀老,小字大秀,年二十六。

本贯顺昌府汝阴县。(37页)

善感　德昭　萧肃字处恭,小名善感,小字德昭,年三十。本贯吉州安福县。(38页)

道生　立本　曾贲字子文,小名道生,小字立本,年二十。本贯福州闽县。(38页)

昂　清叔　李蘩字元昭,小名昂,小字清叔,年二十一。本贯蜀州晋原县。(38页)

俊郎　少杰　何昌邦字周卿,小名俊郎,小字少杰,年四十五。本贯建州崇安县。(38—39页)

道长　彦章　王芾字德章,小名道长,小字彦章,年四十一。本贯宣州太平县。(39页)

福字　庆孙　冷世光字宾王,小名福字,小字庆孙,年二十七。本贯平江府常熟县。(39页)

宁郎　安老　陈天麟字季陵,小名宁郎,小字安老,年三十三。本贯宣州宣城县。(39页)

高僧　法护　陆升之字仲高,小名高僧,小字法护,年三十四。本贯开封府陈留县。(40页)

徐老　寿期　黄适中字德正,小名徐老,小字寿期,年四十三。本贯衢州龙游县。(40页)

黄寿　鼎臣　龚尹字正子,小名黄寿,小字鼎臣,年二十九。本贯常州宜兴县。(40页)

凤哥　子飞　钟将之字仲山,小名凤哥,小字子飞,年十九。本贯镇江府丹阳县。(40—41页)

岩英　傅叟　蒲尧仁字彦性,小名岩英,小字傅叟,年三十八。本贯福州侯官县。(41页)

振振　宜孙　朱伯雄字少扬,小名振振,小字宜孙,年四十九。

本贯饶州浮梁县。(41页)

桂筵　月郎　程千里字迈卿,小名桂筵,小字月郎,年三十六。本贯信州玉山县。(41页)

与老　齐贤　王师愈字与正,小名与老,小字齐贤,年二十七。本贯婺州金华县。(41—42页)

主郎　复孙　袁观字子游,小名主郎,小字复孙,年二十四。本贯绵州巴西县。(42页)

昭明　世显　陈经国字世显,小名昭明,小字世显,年四十五。本贯开封府开封县。(42页)

华国　楚卿　陈篆字师汝,小名华国,小字楚卿,年四十五。本贯常州无锡县。(42页)

惟忠　正甫　陈伯山字仁叔,小名惟忠,小字正甫,年(阙)。本贯兴化军莆田县。(42—43页)

用　用之　童用宾字彦周,小名用,小字用之,年四十八。本贯衢州龙游县。(43页)

瀛哥　仙客　江献可字德美,小名瀛哥,小字仙客,年三十九。本贯扬州高邮县。(43页)

长郎　元用　王康年字和叔,小名长郎,小字元用,年五十。本贯湖州乌程县。(43页)

绍祖　庆孙　何颙字孚先,小名绍祖,小字庆孙,年四十四。本贯蓬州伏虞县。(43—44页)

寿儿　宜老　高选字德举,小名寿儿,小字宜老,年四十二。本贯绍兴府余姚县。(44页)

定哥　定光　陆光之字叔泰,小名定哥,小字定光,年三十。本贯绍兴府山阴县。(44页)

岩庆　庆哥　蒲尧章字彦成,小名岩庆,小字庆哥,年四十一。

本贯福州侯官县。(44 页)

岳郎　子山　韩炳字道山,小名岳郎,小字子山,年二十五。本贯仙井监仁寿县。(45 页)

寅孙　宾叔　叶翊字君举,小名寅孙,小字宾叔,年二十七。本贯温州永嘉县。(45 页)

正三　春卿　王昉字仲明,小名正三,小字春卿,年二十七。本贯潼川府通泉县。(45 页)

杜春　蟾老　李用之字彦发,小名杜春,小字蟾老,年四十二。本贯澧州澧县。(45—46 页)

仁和　季高　韩大宁字孝先,小名仁和,小字季高,年二十二。本贯信州玉山县。(46 页)

佛喜　喜佛　勾龙震字元度,小名佛喜,小字喜佛,年四十。本贯成都府成都县。(46 页)

肃哥　孝伯　包府字义仲,小名肃哥,小字孝伯,年四十三。本贯饶州浮梁县。(46 页)

岩郎　岩哥　庞守字德操,小名岩郎,小字岩哥,年二十二。本贯合州石照县。(46—47 页)

天任　必大　叶翔凤字子翔,小名天任,小字必大,年三十二。本贯福州侯官县。(47 页)

棣郎　景华　鲍安行字圣时,小名棣郎,小字景华,年四十二。本贯饶州浮梁县。(47 页)

阿崇　宗山　周汝士字南夫,小名阿崇,小字宗山,年二十二。本贯绍兴府嵊县。(47 页)

彭老　彭老　李进修字及时,小名彭老,小字彭老,年四十八。本贯简州平泉县。(47—48 页)

兰孙　兰郎　邵颖字怀英,小名兰孙,小字兰郎,年二十二。本

贯婺州金华县。(48页)

骥子　奇男　李清字绍夷,小名骥子,小字奇男,年四十七。本贯兴化军莆田县。(48页)

坚僧　三九　毛介字希惠,小名坚僧,小字三九,年二十六。本贯衢州江山县。(48页)

惊郎　有功　芮辉字国瑞,小名惊郎,小字有功,年二十八。本贯湖州乌程县。(49页)

松寿　松寿　勾龙雾字元量,小名松寿,小字松寿,年五十一。本贯成都府成都县。(49页)

二老　渭奴　梁汝昌字大任,小名二老,小字渭奴,年二十九。本贯福州永福县。(49页)

十二　二六　刘安世字世臣,小名十二,小字二六,年四十九。本贯吉州安福县。(49页)

僧哥　亨老　章朝宗字宣卿,小名僧哥,小字亨老,年二十九。本贯临安府临安县。(50页)

顺祖　子孝　林次融字仲举,小名顺祖,小字子孝,年二十四。本贯福州长乐县。(50页)

益孙　荣祖　俞光凝字子前,小名益孙,小字荣祖,年二十一。本贯临安府钱塘县。(50页)

狗儿　犬子　彭邦光字南卿,小名狗儿,小字犬子,年二十四。本贯临江军清江县。(50页)

同老　祖寿　胡百能字少明,小名同老,小字祖寿,年四十八。本贯平江府长洲县。(51页)

宁老　难老　石才孺字伯元,小名宁老,小字难老,年三十二。本贯郑州管城县。(51页)

满孙　彭孙　范仲微字希元,小名满孙,小字彭孙,年四十四。

本贯开封府开封县。(51页)

洗孙　众仲　鲍慎履字信正,小名洗孙,小字众仲,年二十七。本贯建康府上元县。(51—52页)

端郎　王宾字观国,小名端郎,年二十八。本贯达州巴梁县。(52页)

孙老　昌后　李开字春卿,小名孙老,小字昌后,年四十七。本贯广德军广德县。(52页)

天喜　庆孙　何腾字文虎,小名天喜,小字庆孙,年四十八。本贯开封府开封县。(52页)

圣保　保哥　黄文昌字世永,小名圣保,小字保哥,年二十一。本贯建昌军南丰县。(53页)

岳寿　申叔　毛惠直字崧老,小名岳寿,小字申叔,年五十三。本贯吉州吉水县。(53页)

道生　立本　陈概字辛平,小名道生,小字立本,年五十三。本贯建州建安县。(53页)

繁郎　茂卿　史夬字刚中,小名繁郎,小字茂卿,年四十四。本贯眉州青神县。(53—54页)

七十　佐时　王宗衡字商叟,小名七十,小字佐时,年二十五。本贯泉州南安县。(54页)

法松　正祖　钟离松字少公,小名法松,小字正祖,年四十八。本贯建康府江宁县。(54页)

元应　梦符　林锌字仲和,小名元应,小字梦符,年四十六。本贯福州府连江县。(54—55页)

胜孙　安祖　陈德修字和仲,小名胜孙,小字安祖,年(阙)。本贯建昌军南城县。(55页)

谢师　子西　雍恩字德光,小名谢师,小字子西,年二十二。本

贯普州安岳县。(55页)

慧孙　俊卿　郑之纯字粹中,小名慧孙,小字俊卿,年二十四。本贯徽州歙县。(55页)

鳞儿　端童　欧阳文起字景苏,小名鳞儿,小字端童,年二十三。本贯临江军新喻县。(55—56页)

次彭　大年　李渊字景潜,小名次彭,小字大年,年二十六。本贯兴化军莆田县。(56页)

伯达　周士　陈滂字公泽,小名伯达,小字周士,年二十九。本贯饶州安仁县。(56页)

庆崇　源远　林大受字叔容,小名庆崇,小字源远,年二十八。本贯潮州揭阳县。(56—57页)

道士　吴真　吴彦夔字节夫,小名道士,小字吴真,年三十二。本贯兴国军永兴县。(57页)

绍祖　达卿　许登字升卿,小名绍祖,小字达卿,年三十七。本贯漳州龙溪县。(57页)

念五哥　五五　方绾字清卿,小名念五哥,小字五五,年三十九。本贯兴化军莆田县。(57页)

大椿　德年　邹樗字德章,小名大椿,小字德年,年四十。本贯常州晋陵县。(57—58页)

仲贤　阿强　范仲较字世卿,小名仲贤,小字阿强,年三十六。本贯开封府祥符县。(58页)

敏僧　慧师　严瑀字元瑜,小名敏僧,小字慧师,年四十。本贯衢州江山县。(58页)

小尊　道夫　李几字公倚,小名小尊,小字道夫,年二十五。本贯普州安岳县。(58—59页)

庆孙　吉先　林清卿字季仁,小名庆孙,小字吉先,年四十六。

本贯温州平阳县。(59页)

  颂哥 誉卿 周邵字嘉成,小名颂哥,小字誉卿,年三十七。本贯婺州永康县。(59页)

  王僧 寿老 戴振字文举,小名王僧,小字寿老,年三十八。本贯宣州宣城县。(59页)

  季哥 恩孙 谭炤字公明,小名季哥,小字恩孙,年三十七。本贯潼川府铜山县。(59—60页)

  显郎 寿老 王尧臣字唐弼,小名显郎,小字寿老,年三十八。本贯福州长乐县。(60页)

  寿哥 彭老 雷行之字舜举,小名寿哥,小字彭老,年二十六。本贯鄜州直罗县。(60页)

  丑丑 武子 杨獬字正伯,小名丑丑,小字武子,年二十八。本贯临江军新喻县。(60页)

  信叔 行可 余彦广字德广,小名信叔,小字行可,年二十二。本贯抚州临川县。(60—61页)

  廷俊 宋辅 刘公特字明甫,小名廷俊,小字宋辅,年三十二。本贯福州侯官县。(61页)

  郑哥 星郎 方颜字国老,小名郑哥,小字星郎,年三十四。本贯饶州德兴县。(61页)

  凤儿 仪韶 张溥字德施,小名凤儿,小字仪韶,年三十。本贯处州龙泉县。(61—62页)

  五哥 起之 陈俱字载之,小名五哥,小字起之,年二十八。本贯临安府钱塘县。(62页)

  道兴 三哥 李杭字济川,小名道兴,小字三哥,年二十六。本贯合州巴川县。(62页)

  猪哥 辛儿 糜师旦字周卿,小名猪哥,小字辛儿,年十八。本

贯平江府吴县。(62页)

阿瑷　伯玉　王汝嘉字邦美,小名阿瑷,小字伯玉,年五十一。本贯忠州垫江县。(62—63页)

宋保　道保　何骙字骏夫,小名宋保,小字道保,年四十。本贯眉州彭山县。(63页)

佑郎　季美　张穆字和仲,小名佑郎,小字季美,年三十。本贯嘉州夹江县。(63页)

犬子　相如　赵不悔字敦复,小名犬子,小字相如,年二十六。本贯宗正寺玉牒所。(63—64页)

圆　圆度　谢芷字茂公,小名圆,小字圆度,年四十一。本贯泉州晋江县。(64页)

璨　子玉　周习字少说,小名璨,小字子玉,年二十四。本贯温州平阳县。(64页)

端驹　天骥　薛璨字景辉,小名端驹,小字天骥,年五十一。本贯兴化军兴化县。(64页)

韶哥　仪凤　王滋字必济,小名韶哥,小字仪凤,年五十五。本贯台州黄岩县。(64—65页)

谢僧　信德　赵彦恂字汉卿,小名谢僧,小字信德,年二十五。本贯宗正寺玉牒所。(65页)

定僧　应郎　赵彦龄字寿卿,小名定僧,小字应郎,年二十五。本贯玉牒所。(65页)

闰郎　闰郎　周彦字元美,小名闰郎,小字闰郎,年五十。本贯建康府溧阳县。(65页)

孝先　光祖　陈思文字公焕,小名孝先,小字光祖,年四十三。本贯福州长乐县。(66页)

佛保　季说　江宾王字彦济,改作朝翁,小名佛保,小字季说,年

五十三。本贯建康府句容县。(66页)

七斤　斤斤　王沂字亨之,小名七斤,小字斤斤,年三十一。本贯江阴军江阴县。(66页)

安儿　力行　梁南一字唐老,小名安儿,小字力行,年四十一。本贯泉州晋江县。(66—67页)

檀僧　旝郎　韩彦直字子温,小名檀僧,小字旝郎,年十八。本贯延安府肤施县。(67页)

世兆　梦祥　俞肇字彦初,小名世兆,小字梦祥,年四十九。本贯南剑州沙县。(67页)

越哥　禹孙　张宗元字会卿,小名越哥,小字禹孙,年十八。本贯秦州三阳寨。(67—68页)

起孙　兴老　冯公亮字司明,小名起孙,小字兴老,年五十五。本贯常州武进县。(68页)

宁哥　宁郎　赵公懋字元功,小名宁哥,小字宁郎,年三十四。本贯宗正寺玉牒所。(68页)

间卿　行聪　赵俨之字民望,小名间卿,小字行聪,年二十。本贯玉牒所。(68—69页)

兴郎　继先　赵伯术字可大,小名兴郎,小字继先,年二十八。本贯玉牒所。(69页)

兴宗　伯起　赵不斂字伯正,小名兴宗,小字伯起,年二十二。本贯玉牒所。(69页)

铁柱　坚老　赵善珏字彦德,小名铁柱,小字坚老,年十九。本贯玉牒所。(69页)

桂腾　起宗　陈秀实字光华,小名桂腾,小字起宗,年四十四。本贯福州永福县。(70页)

逐哥　总息　赵子修字安道,小名逐哥,小字总息,年二十二。

本贯玉牒所。(70页)

韩郎　寿卿　赵公斌字贵全,小名韩郎,小字寿卿,年二十四。本贯开封府祥符县。(70页)

高僧　彦高　赵伯茂字少卓,小名高僧,小字彦高,年四十八。本贯玉牒所。(70—71页)

麟哥　信厚　赵师孟字醇叟,小名麟哥,小字信厚,年二十一。本贯玉牒所。(71页)

郑哥　光祖　赵伯瑗字德甫,小名郑哥,小字光祖,年二十九。本贯玉牒所。(71页)

慧孙　光祖　戴几先字子微,小名慧孙,小字光祖,年二十五。本贯常州无锡县。(71页)

寿哥　行甫　杨大全字道夫,小名寿哥,小字行甫,年二十。本贯嘉州龙游县。(71—72页)

意老　直孺　杨骞字孝叔,小名意老,小字直孺,年二十四。本贯河中府河东县。(72页)

荣　荣哥　蔡珵字德辉,小名荣,小字荣哥,年二十一。本贯兴化军仙游县。(72页)

鼎哥　季行　王允功字元鼎,小名鼎哥,小字季行,年二十六。本贯临安府钱塘县。(72—73页)

耆孙　祖绍　黄汇字元泽,小名耆孙,小字祖绍,年三十二。本贯彭州崇宁县。(73页)

凤　廷瑞　朱江字朝宗,小名凤,小字廷瑞,年三十二。本贯平江府长洲县。(73页)

九哥　子韶　刘蒙字养正,小名九哥,小字子韶,年二十八。本贯冀州枣强县。(73页)

德孙　兴哥　胡佑字微仲,小名德孙,小字兴哥,年三十一。本

贯积石军西门外。(73—74页)

梦麟　桦华　徐日章字思远,小名梦麟,小字桦华,年二十三。本贯常州宜兴县。(74页)

翁默　无　陈式字潜圣,小名翁默,小字无,年四十三。本贯潮州海阳县。(74页)

彭哥　兴祖　任源字子望,小名彭哥,小字兴祖,年三十三。本贯威州保宁县。(74页)

元老　大年　李升字上达,小名元老,小字大年,年四十七。本贯福州闽县。(74—75页)

卯孙　时举　范时中字当可,小名卯孙,小字时举,年四十二。本贯简州阳安县。(75页)

应奴　近礼　龚梦良字肖之,小名应奴,小字近礼,年十七。本贯兴化军莆田县。(75页)

钟真　绚哥　刘棠字仲美,小名钟真,小字绚哥,年四十一。本贯吉州安福县。(75页)

岳童　僧惠　钧宏字元量,小名岳童,小字僧惠,年二十八。本贯眉州眉山县。(75—76页)

罗汉　应祖　勾龙骥字文举,小名罗汉,小字应祖,年二十六。本贯荣州荣德县。(76页)

德儿　文郎　莫冲字子中,小名德儿,小字文郎,年二十七。本贯湖州归安县。(76页)

九万　云翼　鲍乔字仲迁,小名九万,小字云翼,年三十六。本贯处州龙泉县。(76—77页)

宝宝　陈宝　雍有容字德裕,小名宝宝,小字陈宝,年二十三。本贯资州盘石县。(77页)

贵显　成之　李伊鼎字尹正,小名贵显,小字成之,年三十一。

本贯仙井监仁寿县。（77页）

显郎　升亲　王杰字才礼，小名显郎，小字升亲，年五十三。本贯福州永福县。（77页）

王尊　绍卿　樊宾字唐老，小名王尊，小字绍卿，年三十四。本贯果州南充县。（77—78页）

庆儿　馀庆　冷世务字良器，小名庆儿，小字馀庆，年二十四。本贯平江府常熟县。（78页）

谋哥　不疑　倪宽字德裕，小名谋哥，小字不疑，年五十五。本贯建州政和县。（78页）

公才　美中　黄璋字德成，小名公才，小字美中，年五十五。本贯邵武军邵武县。（78页）

重行　庆老　许冰清字安国，小名重行，小字庆老，年四十二。本贯饶州乐平县。（78—79页）

说郎　梦良　丘崇字元山，小名说郎，小字梦良，年四十八。本贯建州瓯宁县。（79页）

梦云　瑞儿　俞处约字景孙，小名梦云，小字瑞儿，年三十六。本贯临江军新淦县。（79页）

石麟　天锡　刘趐字国瑞，小名石麟，小字天锡，年二十。本贯潼川府通泉县。（79页）

蕃哥　道子　詹亢宗字叔子，小名蕃哥，小字道子，年三十二。本贯绍兴府山阴县。（80页）

清　夷仲　陈旦字明仲，小名清，小字夷仲，年二十六。本贯建州建阳县。（80页）

道护　元老　魏宪字昭度，小名道护，小字元老，年二十。本贯资州盘石县。（80页）

庚　时陟　宗昇字唐宾，小名庚，小字时陟，年四十五。本贯南

剑州剑浦县。(80—81页)

制郎　钱孙　邹孟字仲贤,小名制郎,小字钱孙,年三十五。本贯饶州乐平县。(81页)

保寿　有中　牟子正字朝倚,小名保寿,小字有中,年四十九。本贯仙井监仁寿县。(81页)

星儿　天瑞　石仲集字大成,小名星儿,小字天瑞,年二十六。本贯潮州海阳县。(81—82页)

公弟　子卿　严第字宋卿,小名公弟,小字子卿,年五十七。本贯衢州江山县。(82页)

善孙　馀庆　甘定中字居一,小名善孙,小字馀庆,年四十四。本贯汉州什邡县。(82页)

赤哥　周尚　方简舆字利用,小名赤哥,小字周尚,年五十。本贯兴化军莆田县。(82页)

松老　子青　胡镕字元范,小名松老,小字子青,年三十九。本贯处州缙云县。(82—83页)

宝子　瑞哥　谯筌字器之,小名宝子,小字瑞哥,年四十七。本贯潼川府飞乌县。(83页)

云翼　南飞　张观国字行可,小名云翼,小字南飞,年三十。本贯怀安军金堂县。(83页)

诜郎　宜之　柳仲永字德修,小名诜郎,小字宜之,年五十一。本贯镇江府丹徒县。(83页)

僧哥　大年　沈寿康字海叔,小名僧哥,小字大年,年三十六。本贯绍兴府山阴县。(84页)

宁老　圣玉　吴璹字令玉,小名宁老,小字圣玉,年四十二。本贯常州无锡县。(84页)

新哥　夏卿　杨昂字汉卿,小名新哥,小字夏卿,年四十一。本

贯婺州金华县。（84页）

汝翼　元成　潘庭翼字扬卿，小名汝翼，小字元成，年三十。本贯温州永嘉县。（85页）

孟驹　伯骏　章驹字伯昂，小名孟驹，小字伯骏，乙丑九月生。本贯处州丽水县。（85页）

佛先　善良　郑国翰字良佐，小名佛先，小字善良，年五十。本贯潮州海阳县。（85页）

必荣　显族　赵邦字邦光，小名必荣，小字显族，辛巳七月生。本贯建昌军南丰县。（85—86页）

观儿　世德　陈光字谦叔，小名观儿，小字世德，丙申六月生。本贯泉州永春县。（86页）

萱郎　奉先　王东里字侨卿，小名萱郎，小字奉先，年十九。本贯处州丽水县。（86页）

嗣明　光祖　刘焕字章仲，小名嗣明，小字光祖，年四十一。本贯福州怀安县。（86页）

寿寿　寿嵩　许璕字寿玉，小名寿寿，小字寿嵩，年四十二。本贯常州无锡县。（86—87页）

应奴　妙庆　林杆字廷植，小名应奴，小字妙庆，年四十八。本贯泉州晋江县。（87页）

寿孙　彭老　叶元凯字舜卿，小名寿孙，小字彭老，甲辰十一月生。本贯饶州德兴县。（87页）

鼎孙　和哥　张然字子可，小名鼎孙，小字和哥，年二十五。本贯秀州崇德县。（87页）

陈僧　寿子　陆师古字克永，小名陈僧，小字寿子，年三十七。本贯通州海门县。（87—88页）

顶郎　元华　林光祖字敏功，小名顶郎，小字元华，年三十二。

本贯平江府长洲县。(88页)

椿孙　寿卿　史栝字子功,小名椿孙,小字寿卿,年三十。本贯果州西充县。(88页)

十牛　胡行　胡观国字詹圣,小名十牛,小字胡行,年四十八。本贯常州武进县。(88—89页)

信哥　冠先　朱永裔字光叔,小名信哥,小字冠先,年二十二。本贯阆州阆中县。(89页)

寅郎　号福　母过字进道,小名寅郎,小字号福,年三十四。本贯潼川府通泉县。(89页)

虎郎　用之　沈中立字抑强,小名虎郎,小字用之,戊寅三月生。本贯明州鄞县。(89页)

英郎　茂林　王楠字子任,小名英郎,小字茂林,年三十九。本贯处州丽水县。(90页)

应　逢时　余溥字仲博,小名应,小字逢时,年二十八。本贯福州侯官县。(90页)

宜孙　义卿　吴利见字圣逢,小名宜孙,小字义卿,年三十九。本贯福州福清县。(90页)

朝孙　华老　吴邵年字闻叔,小名朝孙,小字华老,年二十四。本贯温州永嘉县。(90—91页)

维寿　庆长　周富邦字德孺,小名维寿,小字庆长,年六十。本贯眉州丹棱县。(91页)

顺老　元寿　李兼善字达臣,小名顺老,小字元寿,年五十五。本贯吉州庐陵县。(91页)

昭哥　显叙　汪端彦字表之,小名昭哥,小字显叙,乙酉年正月生。本贯饶州德兴县。(91页)

择中　伯封　朱登字友龙,小名择中,小字伯封,年三十一。本

贯温州瑞安县。(91—92页)

雍　和叔　詹鞂字行可,小名雍,小字和叔,年四十六。本贯建州崇安县。(92页)

驹郎　千里　陈举善字能之,小名驹郎,小字千里,壬寅年十二月生。本贯台州临海县。(92页)

德润　进之　童大定字持之,小名德润,小字进之,年四十八。本贯明州奉化县。(92页)

大倪　道哥　庞愈字师韩,小名大倪,小字道哥,年四十三。本贯合州石照县。(92—93页)

张僧　周卿　金鼎字元鼎,小名张僧,小字周卿,年三十一。本贯婺州金华县。(93页)

曾　曾子　吴特字士杰,小名曾,小字曾子,年四十七。本贯建州政和县。(93页)

寿孙　仲永　叶民极字居正,小名寿孙,小字仲永,庚戌八月生。本贯建昌军新城县。(93页)

阿曾　庆孙　茹襄字伯骏,小名阿曾,小字庆孙,年三十三。本贯绍兴府嵊县。(93—94页)

大哥　陈康嗣字起之,小名大哥,年四十八。本贯福州罗源县。(94页)

申孙　林思永字致远,小名申孙,年二十五。本贯温州永嘉县。(94页)

伯豫　谦益　周毅字仁仲,小名伯豫,小字谦益,年四十三。本贯福州闽县。(94页)

庆孙　施贯之字少曾,小名庆孙,年二十四。本贯湖州安吉县。(95页)

懿奴　叔坚　王万修字子长,小名懿奴,小字叔坚,年二十三。

本贯福州长溪县。(95页)

宁保　伯新　袁炎字德辉,小名宁保,小字伯新,年三十八。本贯简州阳安县。(95页)

中秋　千里　马炳字南仲,小名中秋,小字千里,年二十八。本贯嘉州龙游县。(95页)

沈郎　季延　朱熹字元晦,小名沈郎,小字季延,年十九。本贯建州建阳县。(96页)

汝弼　彦正　陈良弼字梦目,小名汝弼,小字彦正,年四十八。本贯南剑州沙县。(96页)

烈　宗武　胡师徐字梦应,小名烈,小字宗武,年五十六。本贯建州建安县。(96页)

彭老　元寿　方师尹字民瞻,小名彭老,小字元寿,年四十九。本贯信州弋阳县。(96—97页)

未哥　未老　杨浚字德源,小名未哥,小字未老,年二十。本贯临安府钱塘县。(97页)

显童　咏之　顾浣字元洁,小名显童,小字咏之,年二十一。本贯兴化军莆田县。(97页)

庆孙　懿郎　冯用休字申之,小名庆孙,小字懿郎,年二十三。本贯遂宁府长江县。(97—98页)

起　荣宗　洪泽字元滂,小名起,小字荣宗,年四十七。本贯福州怀安县。(98页)

张和尚　子善　张士儋字叔正,小名张和尚,小字子善,年二十九。本贯开封府开封县。(98页)

胜奴　强哥　汪处实字颖叔,小名胜奴,小字强哥,戊寅四月生。本贯饶州乐平县。(98页)

孝孺　移忠　萧南式字邦宪,小名孝孺,小字移忠,年四十三。

本贯吉州万安县。(99页)

社弟　荣祖　袁富文字嗣经,小名社弟,小字荣祖,年四十六。本贯吉州永新县。(99页)

念十一　一郎　张永年字时发,小名念十一,小字一郎,年二十六。本贯忠州临江县。(99页)

星郎　梦祥　胡权字经仲,小名星郎,小字梦祥,年五十五。本贯处州缙云县。(99页)

信郎　诚甫　李左字宜之,小名信郎,小字诚甫,年四十八。本贯常州宜兴县。(100页)

吉翁　全美　段友直字元益,小名吉翁,小字全美,年五十。本贯南剑州剑浦县。(100页)

善郎　馀庆　唐仅字特可,小名善郎,小字馀庆,年五十。本贯潼川府射洪县。(100页)

昌孙　荣郎　聂端权字彦中,小名昌孙,小字荣郎,乙亥正月生。本贯饶州乐平县。(100页)

骥儿　千里　谢芘字几先,小名骥儿,小字千里,年四十二。本贯泉州晋江县。(101页)

阿童　希舒　李敦仁字商杰,小名阿童,小字希舒,年四十。本贯成都府郫县。(101页)

圣惠　安民　卓冠字圣伦,小名圣惠,小字安民,年五十一。本贯福州古田县。(101页)

杨老　李时亨字嘉仲,小名杨老,小字(阙),年二十一。本贯婺州金华县。(101页)

绍祖　继先　喻邦佐字致平,小名绍祖,小字继先,年三十一。本贯仙井监仁寿县。(102页)

寿老　椿年　张宗沆字次山,小名寿老,小字椿年,年五十一。

本贯永康军导江县。(102页)

麟儿　应哥　王章字达可,小名麟儿,小字应哥,年三十一。本贯永兴军长安县。(102页)

桂哥　云孙　何瑛字器之,小名桂哥,小字云孙,年二十五。本贯宣州南陵县。(102页)

德昭　明叔　吴良骥字德称,小名德昭,小字明叔,年二十六。本贯温州瑞安县。(103页)

俊哥　邦彦　叶衡字梦锡,小名俊哥,小字邦彦,年二十七。本贯婺州金华县。(103页)

兴孙　子渊　陈长源字远翁,小名兴孙,小字子渊,年三十一。本贯常州无锡县。(103页)

吉老　彦逢　刘坦字道夫,小名吉老,小字彦逢,年五十五。本贯福州侯官县。(103—104页)

彭老　建寿　张密字显仁,小名彭老,小字建寿,年四十七。本贯合州石照县。(104页)

光哥　明道　景黄裳字元叔,小名光哥,小字明道,年二十三。本贯普州安岳县。(104页)

靖郎　建中　杨靖字恭之,小名靖郎,小字建中,辛巳十月生。本贯眉州丹棱县。(104页)

潼郎　康侯　游寿宁字永年,小名潼郎,小字康侯,年三十六。本贯广安军新明县。(104—105页)

九师　舜卿　苏升字时仲,小名九师,小字舜卿,丁酉正月生。本贯泉州永春县。(105页)

超儿　达哥　周光远字德耀,小名超儿,小字达哥,年五十六。本贯衢州江山县。(105页)

庆哥　馀庆　刘庭扬字叔休,小名庆哥,小字馀庆,年二十九。

本贯南安军南康县。(105页)

公寿　宜老　谭守约字要道,小名公寿,小字宜老,年四十六。本贯韶州乐昌县。(105—106页)

椿老　伯寿　黄嗣廉字景美,小名椿老,小字伯寿,年二十六。本贯建州浦城县。(106页)

庆郎　吉老　杨庭坚字公实,小名庆郎,小字吉老,辛巳十月生。本贯眉州眉山县。(106页)

骏郎　天骥　刘希旦字德卿,小名骏郎,小字天骥,年二十八。本贯建昌军新城县。(106—107页)

珪　宝哥　周孚字处信,小名珪,小字宝哥,年二十五。本贯衢州江山县。(107页)

文僧　章老　陈仲谔字蹇叔,小名文僧,小字章老,年二十四。本贯福州闽县。(107页)

龙宝　瑞老　张忠字民望,小名龙宝,小字瑞老,年四十。本贯资州盘石县。(107页)

冲　国赟　李全之字景纯,小名冲,小字国赟,年三十一。本贯福州闽县。(107—108页)

任才　困甫　俞晔字克晦,小名任才,小字困甫,年三十九。本贯信州玉山县。(108页)

庆孙　庆庆　钩昌期字应辰,小名庆孙,小字庆庆,年三十二。本贯渠州陵水县。(108页)

应孺　士豪　林翰字卯翼,小名应孺,小字士豪,年四十三。本贯漳州龙溪县。(108页)

祖年　延老　陈王宾字晞尹,小名祖年,小字延老,辛巳二月生。本贯泸州合江县。(108—109页)

绍孙　继母　黄岱字骏东,小名绍孙,小字继母,壬午二月生。

本贯兴化军莆田县。(109 页)

忠郎　孝孙　贾渤字德渊,小名忠郎,小字孝孙,年五十。本贯潼川府郪县。(109 页)

驹儿　少骏　徐履字少初,小名驹儿,小字少骏,年二十七。本贯温州瑞安县。(109 页)

桐孙　良器　俞舜凯字与才,小名桐孙,小字良器,年五十二。本贯徽州歙县。(109 页)

云按:俞舜凯为特奏名第一人,不在三百三十人之内。合计一甲十人,二甲十九人,三甲三十七人,四甲一百二十二人,五甲一百四十二人,共三百三十人。一人缺小字。朱熹为本科同年,列五甲第九十人。

辽金时代

啜里只 辽太祖小字。辽太祖讳亿,字阿保机,小字啜里只……德祖皇帝长子,母曰宣简皇后萧氏。……初,母梦日堕怀中,有娠。及生,室有神光异香……痕德堇可汗殂,群臣奉遗命请立太祖。(《辽史·太祖本纪上》,中华书局,1974年,1—2页。下引本书准此)

尧骨 太宗小字。太宗皇帝,讳德光,字德谨,小字尧骨。太祖第二子,母淳钦皇后萧氏。唐天复二年生,神光异常……貌严重而性宽仁,军国之务多所取决。(《辽史·太宗本纪上》,27页)

兀欲 世宗小字。世宗皇帝,讳阮,小字兀欲。让国皇帝长子,母柔贞皇后萧氏。帝仪观丰伟,内宽外严,善骑射,乐施予,人望归之。(《辽史·世宗本纪》,63页)

述律 穆宗小字。穆宗皇帝,讳璟,小字述律。太宗皇帝长子,母曰靖安皇后萧氏。……世宗遇害。逆臣……伏诛。丁卯,即皇帝位。(《辽史·穆宗本纪上》,69页)

明扆 景宗小字。景宗皇帝,讳贤,字贤宁,小字明扆。世宗皇帝第二子,母曰怀节皇后萧氏。……应历十九年春二月……穆宗遇弑……群臣劝进,遂即皇帝位于枢前。(《辽史·景宗本纪上》,89页)

云按:《校勘记》:"讳贤,字贤宁,小字明扆。《国志》六、《长编》及《东都事略》并作'讳明记,更名贤'。"(《辽史·景宗本纪上》,96页)

文殊奴 圣宗小字。圣宗皇帝,讳隆绪,小字文殊奴。景宗皇帝长子,母曰睿智皇后萧氏。……乾亨四年秋……景宗崩……即皇帝位于枢前,时年十二。(《辽史·圣宗本纪一》,107页)

只骨 兴宗小字。兴宗皇帝,讳宗真,字夷不堇,小字只骨。圣宗长子,母曰钦哀皇后萧氏。……幼而聪明,长而魁伟,龙颜日角,豁达大度。……(太平)十一年……圣宗崩,即皇帝位于柩前。(《辽史·兴宗本纪一》,211页)

查剌 道宗小字。道宗皇帝,讳洪基,字涅邻,小字查剌。兴宗皇帝长子,母曰仁懿皇后萧氏。……帝性沉静、严毅……兴宗崩,即皇帝位于柩前……改元清宁,大赦。(《辽史·道宗本纪一》,251—252页)

阿果 天祚皇帝小字。天祚皇帝,讳延禧,字延宁,小字阿果。道宗之孙,父顺宗大孝顺圣皇帝,母贞顺皇后萧氏。大康元年生。……寿隆七年正月甲戌,道宗崩,奉遗诏即皇帝位于柩前。群臣上尊号曰天祚皇帝。(《辽史·天祚皇帝本纪一》,317页)

涅里 耶律淳小字。耶律淳者,世号为北辽。淳小字涅里,兴宗第四孙……笃好文学。……保大二年,天祚入夹山……议欲立淳……遂即位。百官上号天锡皇帝……遥降天祚为湘阴王。……自此辽国分矣。(《辽史·天祚皇帝本纪四》,352—353页)

卓真 昭烈皇后小字。肃祖昭烈皇后萧氏,小字卓真。归肃祖,生四子……乾统三年,追尊昭烈皇后。(《辽史·后妃传》,1198页)

牙里辛 庄敬皇后小字。懿祖庄敬皇后萧氏,小字牙里辛。肃祖尝过其家曰:"同姓可结交,异姓可结婚。"知为萧氏,为懿祖聘焉。生男女七人。乾统三年,追尊庄敬皇后。(《辽史·后妃传》,1198页)

月里朵 简献皇后小字。玄祖简献皇后萧氏,小字月里朵。玄祖为狠德所害,后嫠居,恐不免,命四子往依邻家耶律台押,乃获安。……重熙二十一年,追尊简献皇后。(《辽史·后妃传》,1198—1199页)

岩母斤 宣简皇后小字。德祖宣简皇后萧氏,小字岩母斤。遥辇氏宰相剔剌之女。……天显八年崩……重熙二十一年,追尊宣简

皇后。(《辽史·后妃传》,1199页)

月理朵 淳钦皇后小字。太祖淳钦皇后述律氏,讳平,小字月理朵。……生后于契丹右大部……简重果断,有雄略。……应历三年崩,年七十五……谥曰贞烈。重熙二十一年,更今谥。(《辽史·后妃传》,1199—1200页)

温 靖安皇后小字。太宗靖安皇后萧氏,小字温,淳钦皇后弟室鲁之女。……性聪慧洁素,尤被宠顾……天显十年崩,谥彰德……重熙二十一年,更今谥。(《辽史·后妃传》,1200页)

撒葛只 怀节皇后小字。世宗怀节皇后萧氏,小字撒葛只,淳钦皇后弟阿古只之女。……生景宗。天禄末,立为皇后。……察割作乱……遇害。谥曰孝烈皇后。(《辽史·后妃传》,1201页)

燕燕 睿智皇后小字。景宗睿智皇后萧氏,讳绰,小字燕燕,北府宰相思温女。……景宗崩,尊为皇太后,摄国政。……统和二十七年崩,谥曰圣神宣献皇后。重熙二十一年,更今谥。……澶渊之役,亲御戎车。(《辽史·后妃传》,1201—1202页)

菩萨哥 仁德皇后小字。圣宗仁德皇后萧氏,小字菩萨哥,睿智皇后弟隗因之女。……统和十九年,册为齐天皇后。……崩,年五十……追尊仁德皇后。(《辽史·后妃传》,1202—1203页)

耨斤 钦哀皇后小字。圣宗钦哀皇后萧氏,小字耨斤,淳钦皇后弟阿古只五世孙。……生兴宗。……圣宗崩……自立为皇太后,摄政。……清宁初,尊为太皇太后。崩,谥曰钦哀皇后。(《辽史·后妃传》,1203—1204页)

挞里 仁懿皇后小字。兴宗仁懿皇后萧氏,小字挞里,钦哀皇后弟孝穆之长女。性宽容,姿貌端丽。帝即位,入宫,生道宗。重熙四年,立为皇后。……太康二年崩,谥仁懿皇后。(《辽史·后妃传》,1204页)

观音 宣懿皇后小字。道宗宣懿皇后萧氏,小字观音,钦哀皇后弟枢密使惠之女。姿容冠绝……清宁初,立为懿德皇后。……后生太子濬……好音乐……乾统初,追谥宣懿皇后。(《辽史·后妃传》,1205页)

三嬾 兴宗贵妃小字。兴宗贵妃萧氏,小字三嬾,驸马都尉匹里之女。……帝即位,立为皇后。重熙初,以罪降贵妃。(《辽史·后妃传》,1204—1205页)

坦思 道宗惠妃小字。道宗惠妃萧氏,小字坦思,驸马都尉霞抹之妹。大康二年……立为皇后。……其母……伏诛。贬妃为庶人,幽于宜州……天庆六年,召还,封太皇太妃。(《辽史·后妃传》,1205—1206页)

夺里懒 天祚皇后小字。天祚皇后萧氏,小字夺里懒,宰相继先五世孙。……乾统初,册为皇后。性闲淑,有仪则。……女直乱,从天祚西狩,以疾崩。(《辽史·后妃传》,1206页)

师姑 天祚德妃小字。天祚德妃萧氏,小字师姑,北府宰相常哥之女。寿隆二年入宫,封燕国妃,生子挞鲁。乾统三年,改德妃……王麓,以哀戚卒。(《辽史·后妃传》,1206页)

瑟瑟 天祚文妃小字。天祚文妃萧氏,小字瑟瑟,国舅大父房之女。……乾统三年冬,立为文妃。(《辽史·后妃传》,1206页)

贵哥 天祚元妃小字。天祚元妃萧氏,小字贵哥,燕国妃之妹。年十七,册为元妃。性沉静。(《辽史·后妃传》,1207页)

图欲 义宗小字。义宗,名倍,小字图欲,太祖长子,母淳钦皇后萧氏。幼聪敏好学,外宽内挚。神册元年春,立为皇太子。……太宗既立,见疑……至汴,见明宗……赐姓东丹,名之曰慕华。……复赐姓李,名赞华。(《辽史·宗室传》,1209—1211页)

李胡 章肃皇帝小字。章肃皇帝,小字李胡,一名洪古,字奚隐,太祖第三子,母淳钦皇后萧氏。少勇悍多力,而性残酷……统和中,追谥钦顺皇帝。重熙二十一年,更谥章肃。(《辽史·宗室传》,1213—1214页)

耶鲁斡 顺宗小字。顺宗,名濬,小字耶鲁斡,道宗长子,母宣懿皇后萧氏。幼而能言,好学知书。……八岁立为皇太子。……耶律乙辛……谋构陷太子……废太子为庶人……往害之……帝后知其冤,悔恨无及,谥曰昭怀太子……乾统初,追尊大孝顺圣皇帝,庙号顺宗。(《辽史·宗室传》,1215—1216页)

敖卢斡 晋王小字。晋王,小字敖卢斡,天祚皇帝长子,母曰文妃萧氏。……出为大丞相耶律隆运后,封晋王。性乐道人善,而矜人不能。……及长,积有人望,内外归心。(《辽史·宗室传》,1216—1217页)

云按:《辽史》无《公主传》,而李有棠撰《辽史纪事本末》附有《考异》,列《公主表》,内记圣宗十四女小字(缺六女小字),补记于下。

圣宗十四女,贵妃生雅克,原作**燕哥**,为第一女。第四女陶格,原作**陶哥**。第六女玖格,原作**九哥**。第八女巴格,原作**八哥**。第九女实格,原作**十哥**。第十一女泰格,原作**泰哥**。第十二女赛格,原作**赛哥**。第十三女兴格,原作**兴哥**。"格"与"哥",俱为译音字之异,似皆为小字。

兀里 羽之小字。耶律觌烈……弟羽之……小字兀里,字寅底哂。幼豪爽不群,长嗜学,通诸部语。太祖经营之初,多预军谋。……以功加守太傅,迁中台省左相。(《辽史·耶律觌烈传》,1237—1238页)

寅古 萧思温小字。萧思温,小字寅古,宰相敌鲁之族弟忽没里之子。通书史。……保宁初,为北院枢密使,兼北府宰相……上册思温女为后,加尚书令,封魏王。(《辽史·萧思温传》,1267—1268页)

留只哥 萧继先小字。萧继先,字杨隐,小字留只哥。幼颖悟……乾亨初,尚齐国公主,拜驸马都尉。(《辽史·萧继先传》,1268页)

图古斯 萧孝忠小字。萧孝忠,字撒板,小字图古斯,志慷慨。开泰中,补祗候郎君,尚越国公主,拜驸马都尉,累迁殿前都点检。太

平中,擢北府宰相。(《辽史·萧孝忠传》,1285页)

王九 陈昭衮小字。陈昭衮,小字王九,云州人。……统和中,补祗候郎君……累迁敦睦宫太保,兼掌围场事。(《辽史·陈昭衮传》,1286页)

可汗奴 制心小字。制心,小字可汗奴。父德崇,善医……制心……统和中,为归化州刺史。开泰中,拜上京留守,进汉人行宫都部署,封漆水郡王。(《辽史·耶律隆运传》,1292页)

项烈 萧干小字。萧干,小字项烈,字婆典,北府宰相敌鲁之子。性质直。……以伐乌古功,迁北府宰相。(《辽史·萧干传》,1309页)

胡独堇 萧孝穆小字。萧孝穆,小字胡独堇,淳钦皇后弟阿古只五世孙。……以功迁九水诸部安抚使。寻拜北府宰相。(《辽史·萧孝穆传》,1331页)

海里 萧孝先小字。孝先,字延宁,小字海里。统和十八年,补祗候郎君。尚南阳公主,拜驸马都尉。(《辽史·萧孝穆传》,1333页)

陈留 萧孝友小字。孝友,字挞不衍,小字陈留。……太平元年,以大册,加左武卫大将军、检校太保。(《辽史·萧孝穆传》,1334页)

札剌 耶律资忠小字。耶律资忠,字沃衍,小字札剌,系出仲父房。……资忠博学,工辞章……开泰中,授中丞。(《辽史·耶律资忠传》,1344页)

陈六 耶律庶成小字。耶律庶成,字喜隐,小字陈六,季父房之后。……庶成幼好学,书过目不忘。善辽、汉文字,于诗尤工。重熙初,补牌印郎君,累迁枢密直学士。(《辽史·耶律庶成传》,1349页)

脱古思 萧惠小字。萧惠,字伯仁,小字脱古思,淳钦皇后弟阿古只五世孙。……命惠知东京留守事。改西北路招讨使,封魏国公。(《辽史·萧惠传》,1373页)

斡 耶律世良小字。耶律世良,小字斡,六院部人。……开泰

初,因大册礼,加检校太尉、同政事门下平章事。(《辽史·耶律世良传》,1385页)

查刺 耶律仁先小字。耶律仁先,字纠邻,小字查刺,孟父房之后。……授宿直将军,累迁殿前副点检。(《辽史·耶律仁先传》,1395页)

苏 耶律良小字。耶律良,字习撚,小字苏,著帐郎君之后。……以功迁汉人行宫都部署。咸雍初,同知南院枢密使事。(《辽史·耶律良传》,1398页)

常哥 耶律氏小字。耶律氏,太师适鲁之妹,小字常哥。幼爽秀,有成人风。……能诗文,不苟作。(《辽史·列女传》,1472页)

意辛 耶律奴妻小字。耶律奴妻萧氏,小字意辛,国舅驸马都尉陶苏斡之女。母胡独公主。……事亲睦族,以孝谨闻。(《辽史·列女传》,1473页)

讹里本 耶律术者妻小字。耶律术者妻萧氏,小字讹里本,国舅孛董之女。性端悫,有容色,自幼与他女异。……及居术者丧,极哀毁。既葬……自刃而卒。(《辽史·列女传》,1473—1474页)

授兰 耶律中妻小字。耶律中妻萧氏,小字授兰,韩国王惠之四世孙。聪慧谨愿。……天庆中,为贼所执,潜置刃于履,誓曰:"人欲污我者,即死之。"至夜,贼遁而免。(《辽史·列女传》,1474页)

孛吉只 重元小字。重元,小字孛吉只,圣宗次子。材勇绝人……其子涅鲁古素谋……将战……各自奔溃。重元既知失计……遂自杀。(《辽史·逆臣传上》,1501—1502页)

耶鲁绾 涅鲁古小字。涅鲁古,小字耶鲁绾。性阴狠。兴宗一见,谓曰:"此子目有反相。"……清宁七年,知南院枢密使事,说其父重元诈病,俟车驾临问,因行弑逆。(《辽史·逆臣传上》,1502页)

滑哥 萧革小字。萧革,小字滑哥,字胡突堇,国舅房林牙和尚之子。警悟多智数。……清宁元年,复为南院枢密使……八年,致仕,封郑国王。九年秋,革(《校勘记》当作"帝")以其子为重元婿,革预其谋,陵迟杀之。(《辽史·逆臣传中》,1510—1511页)

云按:上所录《辽史》帝王、后妃、臣僚等小字,除"燕燕""观音"少量外,其他皆本国语译音,口头如此叫唤,其意外人不了了。因是译音,汉文记写多异,如辽太祖小字,《辽史》作"啜里只",《辽史记事本末》作"阿尔济",太宗小字"尧骨",《本末》作"辉库济",世宗小字"兀欲",《本末》作"乌云",圣宗小字"文殊奴",《本末》作"文殊努",以及圣宗十四女小字"格"与"哥"之异,等等,《本末》皆与原名对照记写。今录正史小字,异译不计。

吴乞买 太宗小字。太宗,讳晟,本讳吴乞买,世祖第四子,母曰翼简皇后挐懒氏,太祖母弟也。(《金史·太宗本纪》,中华书局,1975年,47页。下引本书准此)

云按:本讳吴乞买,《金史纪事本末》作"本名乌奇迈",原作吴乞买,亦作吴乞马。《本末》附《考异》:"钟邦直《行程录》云,名慎,小字吾克埋,改讳晟,太祖同母弟。""吾克埋"与"吴乞买",译音字异,乃小字。

哈尔满 熙宗小名。熙宗,讳亶,本讳合剌,太祖孙……太宗崩……即皇帝位。(《金史·熙宗本纪》,69—70页)

云按:本名哈喇,原作哈剌,而《本末·考异》引熊克《小记》云,小名哈尔满,太祖孙。哈尔满即哈剌的异译,则本名哈剌是小名。

麻达葛 章宗小字。章宗皇帝,讳璟,小字麻达葛,显宗嫡子也。母曰孝懿皇后徒单氏。……世宗……曰:"……幸见嫡孙又生于麻达葛山,朕尝喜其地衍而气清,其以山名之。"群臣皆称万岁。(《金史·章宗本纪一》,207页)

兴胜 卫绍王小字。卫绍王讳永济,小字兴胜……世宗第七子,

母曰元妃李氏。卫王长身,美髯须,天资俭约,不好华饰。……承安二年,改封卫王。(《金史·卫绍王本纪》,289 页)

万僧 镐王名。镐王永中本名实鲁剌,又名万僧。……明昌三年,判平阳府事,进封镐王。(《金史·世宗诸子传》,1895—1897 页)

石狗儿 郑王初名。郑王永蹈本名银术可,初名石狗儿。……大定二十五年,加开府仪同三司。……明昌二年,徙封郑王。(《金史·世宗诸子传》,1899 页)

鹤野 豫王本名。豫王永成本名鹤野……母昭仪梁氏。永成风姿奇伟,博学,善属文。(《金史·世宗诸子传》,1904 页)

鹤寿 夔王一名。夔王允升,改名永升,本名斜不出,一名鹤寿。……大定二十六年,加开府仪同三司。明年,判吏部尚书。(《金史·世宗诸子传》,1906 页)

云按:鹤野、鹤寿,由"本名""一名"疑皆为小字。

八狗 光祖幼名。移剌道,本名赵三……诏……擢其子八狗为阁门祗候。光祖字仲礼,幼名八狗。……丁母忧,起复仪鸾局使,同知宣徽院使事。(《金史·移剌道传》,1966—1969 页)

八斤 移剌斡里朵一名。移剌斡里朵,一名八斤,系出辽五院司,通契丹字。……皇统二年,授大理正。(《金史·移剌斡里朵传》,2002 页)

太平 刘玑幼名。玑字伯玉,幼名太平。以功臣子补阁门祗候……世宗……喜其有功,呼其小字而谓之曰:"太平所至,庶几能赞朕致太平矣。"改御院通进。(《金史·刘玑传》,2158 页)

元奴 完颜纲本名。完颜纲本名元奴,字正甫。明昌中,为奉御,累官左拾遗。(《金史·完颜纲传》,2174 页)

定奴 完颜纲弟名。定奴与兄纲俱知名,充护卫,除平凉府判官,累官同知真定府。(《金史·完颜纲传》,2182 页)

佛留 洮州刺史名。曹佛留为洮州刺史。佛留材武有智策,能结诸羌。青宜可畏慕佛留,以父呼之,请举国内附……是时纲为奉御,奉诏与曹佛留计事……曹佛留迁同知临洮尹,兼洮州刺史。(《金史·完颜纲传》,2175—2176页)

七斤 仆散端本名。仆散端本名七斤,中都路火鲁虎必剌猛安人。事亲孝,选充护卫,除太子仆正,滕王府长史、宿直将军、邳州刺史。(《金史·仆散端传》,2230页)

狗儿 都统小字。程陈僧败官军于毫谷,遣伪统制董九招西关堡都统王狗儿,狗儿立杀之。诏除通远军节度使,加荣禄大夫,赐姓完颜氏。(《金史·李英传》,2236页)

六斤 乌古论礼本名。乌古论礼本名六斤,益都猛安人。充习骑……复为左卫副将军、顺州刺史,累迁武宁军节度。(《金史·乌古论礼传》,2274页)

添寿 奥屯襄本名。奥屯襄本名添寿,上京路人。……授崇义军节度副使……召为都水少监、石州刺史……俄迁宣抚使兼留守。(《金史·奥屯襄传》,2275页)

铁哥 广武将军名。完颜铁哥性淳直,体貌雄伟,粗通书。……授广威将军。……丞相襄行省于北京,铁哥为先锋万户,有功。……迁同知临潢府事。(《金史·完颜铁哥传》,2282页)

牙哥 奥屯忠孝本名。奥屯忠孝字全道,本名牙哥,懿州胡土虎猛安人。……中大定二十二年进士科,调蒲州司候。……迁翰林待制,权户部侍郎……入为太子少傅兼礼部尚书。(《金史·奥屯忠孝传》,2298页)

九斤 都将名。初,胡鲁拜命日,巡护卫绍王宅都将把九斤来贺,御史粘割阿里言:"九斤不当游执政门,胡鲁亦不当受其贺,请并按之。"(《金史·把胡鲁传》,2392页)

咬儿 国用安本名。国用安先名安用,本名咬儿,淄川人。……朝廷……以安用为开府仪同三司、平章政事、兼都元帅……特封兖王……张哥将死大呼曰:"国咬儿,汝无尺寸功,受国家大封爵。"(《金史·国用安传》,2561—2564页)

和尚 蒲察鼎寿本名。蒲察鼎寿本名和尚……钦怀皇后父也。赋性沉厚有明鉴,通契丹、汉字,长于吏事。尚熙宗女郑国公主。……加驸马都尉……迁泰宁军节度使……入为右宣徽使。(《金史·蒲察鼎寿传》,2621页)

达哥 唐括贡本名。唐括贡本名达哥,太傅阿里之子也。尚世宗第四女吴国公主,授驸马都尉,充奉御。……迁兵部尚书,改吏部,转礼部尚书、兼大理卿。(《金史·唐括贡传》,2626页)

僧哥 太原府事名。吴僧哥……拳勇善骑射。……朔州失守,僧哥复取之,真授同知节度使事。……大元兵至朔州,战七昼夜,有功,加遥授同知太原府事、兼同知节度使事。(《金史·吴僧哥传》,2656—2657页)

六斤 乌古论德升本名。乌古论德升本名六斤,益都路猛安人。明昌二年进士。累官补尚书省令史……复改知太原府事、权元帅左监军。……大元兵复围太原……城破……乃自缢而死。(《金史·乌古论德升传》,2657—2658页)

陈和尚 完颜彝小字。完颜陈和尚名彝,字良佐,世以小字行,丰州人。系出萧王诸孙。……陈和尚试补护卫,未几转奉御。……大兵入……陈和尚杀掠稍定乃出,自言曰:"……我忠孝军总领陈和尚也。"……至死不绝。大将义之。(《金史·完颜陈和尚传》,2680—2682页)

八儿 忠孝军元帅名。蔡八儿,不知其所始。……性纯质可任。时为忠孝军元帅。……上登城,遣八儿率挽强兵百余潜出暗门,渡汝

水,左右交射之。……遂战死。(《金史·蔡八儿传》,2704页)

牛儿 张仲轲幼名。张仲轲幼名牛儿,市井无赖,说传奇小说,杂以俳优诙谐语为业。海陵引之左右,以资戏笑。(《金史·张仲轲传》,2780页)

韩哥 马钦幼名。马钦,幼名韩哥,尝仕江南,故能知江南道路。正隆三年,海陵将南伐,遂召用钦……累迁国子司业。(《金史·马钦传》,2789页)

忙哥 温特罕氏夫名。温特罕氏,夫完颜忙哥……系出萧王。忙哥叔父益都,节度秦州,为大元兵所攻,适病不能军,忙哥为提控,独当一面。……及崔立之变,忙哥义不受辱,与其妻诀。妻曰:"君能为国家死,我不能为君死乎?"……是日,夫妇以一绳同缢。(《金史·列女传》,2803页)

猪儿 尹氏夫名。尹氏,完颜猪儿之妻也。猪儿系出萧王,天兴二年正月从哀宗为南面元帅,战死黄陵冈。其妻金源郡夫人闻猪儿死,聚家资焚之,遂自缢,年三十一。(《金史·列女传》,2803页)

舜英 聂孝女字。聂孝女字舜英,尚书左右司员外郎天骥之长女也。年二十三,适进士张伯豪。伯豪卒,归父母家。……崔立劫杀宰相,天骥被创甚……舜英谒医救疗百方……而天骥竟死。……葬其父之明日,绝脰而死。(《金史·列女传》,2804页)

乌家奴 宗翰小名。宗翰本名尼玛哈,汉语讹为尼堪。[考异]:《礼志》作粘哥,《大金国志》云:小名乌家奴,一名粘汉。(李有棠《金史纪事本末》,中华书局,2015年,325页。下引本书准此)

忽辣马 世宗小字。世宗大定元年……帝即位于东京(辽阳),讳雍,本名乌禄。[考异]:张棣《正隆事迹》云:小字忽辣马。(《金史纪事本末》,487页)

云按:以上《本末》所考诸小字,《金史》不载,今闻而录存。又,

《金史》文末《金国语解》云："今文《尚书》辞多奇涩,盖亦当世之方言也。《金史》所载本国之语,得诸重译,而可解者何可阙焉。若其臣僚之小字,或以贱,或以疾,犹有古人尚质之风,不可文也。"所录小字,或依本国语,或据汉译文,可解者,或不可解者,皆不可阙,以存古人尚质之风。《金史》录小字如此,《辽史》亦然。

元明清时代

铁木真 元太祖小名。太祖,讳铁木真,姓奇渥温氏,蒙古部人。……即皇帝位……上尊号曰成吉思皇帝……寿六十六……庙号太祖。在位二十二年。帝深沉有大略,用兵如神,故能灭国四十,遂平西夏。(《元史·太祖本纪》,中华书局,1976年,1—25页。下引本书准此)

云按:南宋彭大雅编有《黑鞑事略》,记成吉思汗初称皇帝号者,小名曰忒没真。彭大雅是出使蒙古国的使臣,记闻见于《事略》,必有据。"忒没真"与"铁木真"音相近,为蒙古语音译字异。铁木真,蒙古语"铁头""铁蛋"义,与汉人取小名趣同。

窝阔台 太宗讳。太宗,讳窝阔台,太祖第三子。……太祖伐金、定西域,帝攻城略地之功居多……在位十三年,寿五十有六。……庙号太宗。(《元史·太宗本纪》,29—37页)

云按:依蒙古语"铁木真"例,"窝阔台"当为小字。

蒙哥 宪宗小字。宪宗,讳蒙哥,睿宗拖雷之长子也。母曰庄圣太后……岁戊辰,十二月三日生帝。时有黄忽答部知天象者,言帝后必大贵,故以蒙哥为名(蒙哥,华言长生也)。……寿五十有二,在位九年。……庙号宪宗。帝刚明雄毅,沉断而寡言,不乐燕饮,不好侈靡。(《元史·宪宗本纪》,43—54页)

云按:太祖有四子:术赤、察合台、窝阔台、拖雷(又译托雷)。从宪宗起,转由拖雷房继位。

忽必烈 世祖讳。世祖,讳忽必烈,睿宗皇帝第四子。母庄圣太后……以乙亥岁八月乙卯生。及长,仁明英睿,事太后至孝,尤善抚下。(《元史·世祖本纪一》,57页)在位三十五年,寿八十。……世祖度量弘广,知人善任使,信用儒术。(《元史·世祖本纪十四》,376－377页)

铁穆耳 成宗讳。成宗,讳铁穆耳,世祖之孙,裕宗真金第三子也。(《元史·成宗本纪一》,381页)在位十有三年,寿四十有二。……庙号成宗。国语曰完泽笃皇帝。成宗承天下混一之后,垂拱而治,可谓善于守成者矣。(《元史·成宗本纪四》,472页)

云按:依蒙古语"铁木真"例,"忽必烈""铁穆耳"皆当为小字。

旭真 太祖皇后名。太祖光献翼圣皇后,名[孛儿台]旭真,弘吉剌氏,特薛禅之女也。(《元史·后妃传》,2869页)

真哥 武宗皇后名。武宗宣慈惠圣皇后,名真哥,弘吉剌氏,脱怜子迸不剌之女。至大三年四月,册为皇后。(《元史·后妃传》,2874页)

真金 世祖嫡子名。裕宗,讳真金,世祖嫡子也。母昭睿顺圣皇后,弘吉剌氏。……至元十年二月,立为皇太子。……世祖春秋高……言事者请禅位于太子,太子闻之,惧。……小人……乘间发之。世祖怒甚,太子愈益惧,未几,遂薨,寿四十有三。(《元史·裕宗传》,2888－2893页)

放军 李守贤祖父小字。李守贤字才叔,大宁义州人也。祖小字放军,尝从金将攻宋淮南……太宗南伐……见田野不治,以问守贤,对曰:"民贫窭,乏耕具致然。"……帝嘉纳之。(《元史·李守贤传》,3547页)

和尚 郝拔都小字。郝和尚拔都,太原人,以小字行。幼为蒙古兵所掠,在郡王忒忒䥽下,长通译语,善骑射。太祖遣使宋,往返数四,以辩称。(《元史·郝和尚拔都传》,3553页)

茶丘 洪福源子小字。俊奇,小字茶丘,福源第二子也。幼从军,以骁勇受知,世祖尝以小字呼之。中统二年秋,茶丘雪父冤,世祖悯之。(《元史·洪福源传》,3629页)

双叔 福源子小字。君祥小字双叔,福源第五子也。年十四,随兄茶丘见世祖于上京,帝悦。(《元史·洪福源传》,3631页)

重喜 茶丘子小字。万小字重喜。至元十三年,入宿卫。十八年,袭职,为怀远大将军、安抚使、高丽军民总管,仍佩父茶丘所佩虎符。(《元史·洪福源传》,3633页)

纳怀 郑鼎子小字。郑鼎……子制宜……小字纳怀,性聪敏,庄重有器局,通习国语。(《元史·郑鼎传》,3634—3636页)

劳山 李庭小字。李庭,小字劳山,本金人蒲察氏,金末来中原,改称李氏。家于济阴,后徙寿光。至元六年,以材武选隶军籍,权管军千户。……十七年,拜骠骑卫上将军、中书左丞。(《元史·李庭传》,3795—3797页)

狗狗 高奴曾孙小字。石抹狗狗,契丹人,其先曰高奴。……高奴……从太宗伐金,为征行千户,卒于军。子常山,袭为千户。……岁余卒。子乞儿袭……乞儿……死焉,子狗狗袭。狗狗少从征伐,以壮勇称。(《元史·石抹狗狗传》,3906—3907页)

拜帖木儿 崔彧小字。崔彧字文卿,小字拜帖木儿,弘州人。负才气,刚直敢言,世祖甚器重之。……由刑部尚书拜御史中丞。(《元史·崔彧传》,4038—4039页)

朵鲁别台 郝天挺子小字。郝天挺字继先,出于朵鲁别族……子佑,字君辅,小字朵鲁别台。由宿卫补官,仁宗时拜殿中侍御史,以廉直著名,大受知遇。(《元史·郝天挺传》,4065—4066页)

云按:拜帖木儿、朵鲁别台,俱为蒙古语小字本色,本族人呼国语小名,后入仕从政取大名及字,用汉文。类似者如帖木迭儿、阿里不哥、燕铁木儿、哈剌不花、朵里不花等等,也当为小字。此类所译国语小名极多,因未标明"小字",故不录,慎之也。

孔孙 张梦符小字。张孔孙字梦符,其先出辽之乌若部……父之纯,为东平万户府参议,夜梦谒孔子庙,得赐嘉果,已而孔孙生,因丐名于衍圣公,遂名今名。既长,以文学名,辟万户府议事官。(《元史·张孔孙传》,4066—4067页)

伯颜 贺胜小字。贺胜,仁杰子也,字贞卿,一字举安,小字伯颜,以小字行。……通经传大义。(《元史·贺胜传》,4149页)

丑奴 萧拜住曾祖小字。萧拜住,契丹石抹氏也。曾祖丑奴,有膂力,善骑射,识见明敏,仕金为古北口屯戍千户。……卒于官。后追封顺国公,谥忠毅。(《元史·萧拜住传》,4156页)

宜孙 石抹申之讳。石抹宜孙字申之。……五世祖曰也先……宜孙性警敏,嗜学问,于书务博览,而长于诗歌。……至正十一年,方国珍起海上,江浙行省檄宜孙守温州,宜孙即起任其事。……承制拜宜孙江浙行省参知政事,阶中奉大夫。(《元史·石抹宜孙传》,4308—4309页)

云按:宜孙姓石抹,字申之。取"宜孙"为小字,依汉人习俗尊祖之义例。也先曾孙曰继祖,故五世孙曰宜孙。

观音奴 志能讳。观音奴字志能,唐兀人氏,居新州。登泰定四年进士第。由户部主事,再转而知归德府。廉明刚断,发擿如神。民有衔冤不直者……观音奴立为剖决,旬日悉清。(《元史·观音奴传》,4368页)

云按:泰定为元泰定帝年号。"观音奴"以"奴"为名,属小字之例。

官奴 赵弘毅孙女小字。赵弘毅……为国史院编修官……大明兵入京城……乃与妻解氏,皆自缢。其子恭……亦缢死。恭女官奴,年十七,见恭死,方大泣……乃潜入中堂,解衣带自经。(《元史·赵弘毅传》,4431—4432页)

狗狗 郭宁子小字。郭狗狗,平阳翼城人。父宁,为钦察先锋使首领官,戍大良平。宋将史太尉来攻,夜陷大良平,宁全家被俘。史将杀宁,狗狗年五岁,告史曰:"勿杀我父,当杀我。"史惊问宁曰:"是儿几岁耶?"宁曰:"五岁。"史曰:"五岁儿能为是言,吾当全汝家。"……宁家俱得还。御史以事闻,命旌之。(《元史·孝友传一》,4442页)

猪狗 宁氏小字。宁猪狗,山丹州人。母年七十余,患风疾,药饵不效,猪狗割股肉进啖,遂愈。(《元史·孝友传一》,4443页)

李家奴 移剌琼子小字。潭州万户移剌琼子李家奴,九岁,母病,医言不可治,李家奴刲股肉,煮糜以进,病乃瘥。(《元史·孝友传一》,4443页)

丑丑 阚文兴妻小字。阚文兴妻王氏,名丑丑,建康人也。文兴从军漳州,为其万户府知事,王氏与俱行。至元十七年,陈吊眼作乱,攻漳州,文兴率兵与战,死之。王氏被掠,义不受辱,乃绐贼曰:"俟吾葬夫,即汝从也。"贼许之,遂脱,得负尸还,积薪焚之。火既炽,即自投火中死。……事闻,赠文兴侯爵,谥曰英烈;王氏曰贞烈夫人。有司为立庙祀之,号"双节"云。(《元史·列女传一》,4486页)

玉儿 赵氏女名。赵氏女名玉儿,冠州人。尝许为李氏妇,未婚夫死,遂誓不嫁,以养父母。(《元史·列女传一》,4491页)

妙真 民家女名。葛妙真,宣城民家女。九岁,闻日者言,母年五十当死,妙真即悲忧祝天,誓不嫁,终身斋素,以延母年。母后年八十一卒。(《元史·列女传一》,4493页)

买奴 王氏夫小字。王氏,燕人张买奴妻也。年十六,买奴官钱塘病殁,葬城西十里外。王氏每旦被发步往奠之。(《元史·列女传一》,4493页)

冬儿 丁从信妻小字。李冬儿,甄城人,丁从信妻也。年二十三,从信殁,服阕,父母呼归问之曰:"……为汝再择婿如何?"冬儿不

从……自经死。(《元史·列女传一》,4495页)

锦哥 赵彬妻小字。赵彬妻朱氏,名锦哥,洛阳人也。……朱氏遇兵五人,被执,逼与乱。朱氏拒……即抱三岁女踊身赴井中死。(《元史·列女传一》,4496页)

安哥 王氏女小名。偃师王氏女名安哥,从父避兵印山丁家洞。兵入,搜得之,见安哥色美,驱使出,欲污之。安哥不从,投涧死。(《元史·列女传一》,4496页)

贵哥 罗五十三妻小名。贵哥,蒙古氏,同知宣政院事罗五十三妻也。……五十三得罪……诏以贵哥赐近侍卯罕。……贵哥度不能免……如厩自经死。(《元史·列女传一》,4496—4497页)

三玉 陈端才妻小名。蔡三玉,龙溪陈端才妻也。盗起漳州,掠龙溪,父广瑞与端才各窜去,三玉独偕夫妹避邻祠中。盗入,斫夫妹,见三玉美……驱纳舟中……迫妻之,三玉佯许诺,因起更衣,自投江水而死。(《元史·列女传一》,4497页)

妙元 江文铸妻小名。江文铸妻范氏,名妙元,奉化人,年二十一归于江。及门,未合卺,夫忽以痫疾卒。……遂居江氏之家……卒年九十五。(《元史·列女传二》,4500页)

胜娘 方宁妻小名。方宁妻官胜娘者,建宁人。宁耨田,胜娘馌之,见一虎方攫其夫,胜娘即弃馌奋梃连击之,虎舍去。(《元史·列女传二》,4500页)

彩鸾 李景文妻小名。李景文妻徐氏,名彩鸾,字淑和,浦城徐嗣源之女。……贼持刀欲害嗣源,徐氏前曰:"此吾父也,宁杀我。"贼舍父而止徐氏。……贼拘徐氏至桂林桥,拾炭题诗壁间,有"惟有桂林桥下水,千年照见妾心清"之句。乃厉声骂贼,投于水。(《元史·列女传二》,4503页)

顺儿 李让女小名。李顺儿者,许州儒士李让之女也。性聪慧,颇涉经传,年十八,未嫁。……贼陷钧州,密迩许昌。父谓其母曰:"吾家以诗礼相传,此女必累我。"女闻之,泣曰:"父母可自逃难,勿以我为忧。"须臾于后园内自经而死。(《元史·列女传二》,4504页)

临安奴 黄仲起女小字。黄仲起妻朱氏,杭州人……张士诚寇杭州,其女临安奴仓皇言曰:"贼至矣,我别母求一死也。"(《元史·列女传二》,4504—4505页)

婉常 李宗颐妻小字。李宗颐妻夏氏,名婉常,亦儒家女。与女匿居后圃中,贼至,挟其女共投井死。(《元史·列女传二》,4506页)

玉莲 也先忽都妾小字。至正十八年,红巾贼至,也先忽都与妾玉莲走尼寺中,为贼所得……贼并杀之。(《元史·列女传二》,4506—4507页)

妙圆 徐允让妻小字。徐允让妻潘氏,名妙圆,山阴人。……与其夫从舅避兵山谷间。舅被执,夫泣以救舅脱,夫被兵所杀,欲强辱潘氏。潘氏因绐之……且泣且语,遂投火以死。(《元史·列女传二》,4508页)

翠哥 李仲义妻小字。李仲义妻刘氏,名翠哥,房山人。至正二十年,县大饥,平章刘哈剌不花兵乏食,执仲义欲烹之。……刘氏遽往救之……曰:"吾夫瘦小,不可食。吾闻妇人肥黑者味美,吾肥且黑,愿就烹以代夫死。"兵遂释其夫而烹刘氏。闻者莫不哀之。(《元史·列女传二》,4510页)

马儿 李仲义弟小字。兵乏食,执仲义欲烹之。仲义弟马儿走报刘氏,刘氏遽往救之。(《元史·列女传二》,4510页)

妙安 郑琪妻小字。郑琪妻罗氏,名妙安,信州弋阳人。幼聪慧,能暗诵《列女传》。年二十,归琪。……至正二十年,信州陷……已而兵至,罗氏自刎死,时年二十九。(《元史·列女传二》,4510—4511页)

赛儿　李家奴　王士明妻女小字。王士明妻李氏，名赛儿，房山人。至正二十五年，竹贞军至县，李氏及其女李家奴皆被执。……李氏谓其女曰："汝父既为军所逐，吾与汝必不得脱。与其受辱，不若死。"女曰："母先杀我。"李氏即以军所遗镶刀杀其女，遂自杀。(《元史·列女传二》，4512页)

云按：以上《列女传》所载诸女小字，皆无疑，所以必录而不敢略。

松寿　李璮小字。李璮小字松寿，潍州人，李全子也。……太宗三年，全攻宋扬州，败死。璮遂袭为益都行省，仍得专制其地。朝廷数征兵，辄诡辞不至。……帝闻璮反，遂下诏暴其罪……诛焉。(《元史·叛臣传》，4591－4594页)

小山　张可久小字。张可久字小山，庆元路(今浙江省宁波市)人。元代至正初已七十多岁，曾以路吏转首领官，为桐庐典史。暮年久居西湖，是元代后期著名的散曲作家。(朱东润《中国历代文学作品选》下编第一册《张可久散曲》)

保保　察罕帖木儿外甥小字。察罕帖木儿……令扩廓帖木儿统兵自行。扩廓本姓王，小字保保，系察罕帖木儿的外甥，察罕帖木儿爱他骁勇，养为己子，时已受职为副詹事。(蔡东藩《元史演义》第五十八回)

留哥　金降将小字。金降将耶律留哥(故辽人)纠集故辽遗众占踞辽东州郡，自称都元帅，遣使归附蒙古。(蔡东藩《元史演义》第十一回)

末哥　忽都　拖雷二子名。拖雷生有六子，长即蒙哥，次名末哥，三名忽都，四即忽必烈，五即旭烈兀，六名阿里不哥。后来蒙哥、忽必烈，皆嗣大汗位，忽必烈且统一中原。(蔡东藩《元史演义》第十六回)

云按：蒙哥、忽必烈已见上文。"哥"与"都"音相近，当为小字之属。

买奴 王爷小字。元朝宗室中一位王爷,名叫买奴(一作满努)。这买奴前曾随着英宗,自上都扈跸还京。(蔡东藩《元史演义》第三十六回)

鸳鸯 燕帖木儿妾小字。前平章政事赵世延,平时与燕帖木儿很是亲昵。……燕帖木儿……便对世延道:"我今日贪饮数杯,连小妾鸳鸯,都不相识,难怪座客取笑呢!"(蔡东藩《元史演义》第四十八回)

雪雪 哈麻弟小字。哈麻……是宁宗乳母的儿子,父名图鲁,受封冀国公。哈麻与母弟雪雪,早备宿卫,两人均得主宠。(蔡东藩《元史演义》第五十三回)

五九 土豪小名。赣州土豪蔡五九,素有武力,且颇任侠,乡民推为首领,抗拒官长。(蔡东藩《元史演义》第三十一回)

咬儿 韩氏小名。颍州人刘福通,与其党杜遵道、罗文素、盛文郁、王显忠、韩咬儿等,复诡称山童系宋徽宗后裔,当为中国主,乃集众设誓,起乱京畿。(蔡东藩《元史演义》第五十四回)

重八 明太祖小字。太祖,讳元璋,字国瑞,姓朱氏。……父世珍,始徙濠州之钟离。生四子,太祖其季也。母陈氏。方娠,梦神授药一丸……及产,红光满室。(《明史·太祖本纪一》,中华书局,简体字本,2000年,1页。下引本书准此)

云按:"重八"小字不见正史、演义。但探索得名之由,屡见于媒体。一说本地习俗以父母生他时合计年龄为八十八,"八"字重了,故叫"重八"。又一说是兄弟排行起。朱元璋父兄弟,兄名朱五一,有子四,取名重一、重二、重三、重五。弟朱五四(即元璋父)已有三子,分别名为重四、重六、重七,及元璋生时排第八,故名重八。今从之。又朱元璋高祖朱百六,曾祖朱四九,祖父朱初一,父朱五四,俱以数字名,从乡俗,似皆为小名。又,常遇春曾祖四三,祖父重五,父六六。

汤和曾祖五一,祖父六一,父七一。常遇春,怀远人;汤和,凤阳人。地相近,习相同,故小字趣同。

添福　增寿　徐达子小字。徐达,字天德,濠人,世业农。……子四:辉祖、添福、膺绪、增寿。……增寿以父任仕左都督……添福早卒。(《明史·徐达传》,2469—2475页)

保儿　李文忠小字。李文忠,字思本,小字保儿,盱眙人,太祖姊子也。年十二而母死……太祖见保儿,喜甚,抚以为子,令从己姓。……卒……追封岐阳王……配享太庙。(《明史·李文忠传》,2481—2482页)

九江　文忠长子小字。文忠三子,长景隆,次增枝,芳英,皆帝赐名。……景隆,小字九江。……长身,眉目疏秀,顾盼伟然。(《明史·李文忠传》,2484页)

大舍　张子明小字。张子明者,领兵千户也。洪都围久,内外隔绝,朱文正遣子明告急于应天。……还至湖口,为友谅所获,令诱城中降,子明伴诺。至城下,大呼:"我张大舍。已见主上,今诸公坚守,救且至。"贼怒……杀之。追封忠节侯。(《明史·赵德胜传》,2579页)

云按:大舍,张子明小字,为太祖养子,军中习传他小字,故自呼小字告守城诸公。

道舍　何文辉小字。何文辉,字德明,滁人。太祖下滁州,得文辉,年十四,抚为己子,赐姓朱氏。……道舍守宁国……道舍即文辉也。(《明史·何文辉传》,2587页)

周舍　沐英小字。沐英,字文英,定远人。少孤……太祖与孝慈皇后怜之,抚为子,从朱姓。(《明史·沐英传》,2491页)太祖初起,多蓄义子。及长,命偕诸将分守诸路。周舍守镇江……周舍即沐英,军中又呼沐舍。(《明史·何文辉传》,2587页)

马儿　徐司马小字。太祖初起,多蓄义子。……自沐英外,最著者唯道舍、马儿,马儿即徐司马……徐司马,字从政,扬州人。……太祖得之,养为子,亦赐姓。(《明史·何文辉传》,2587页)

柴舍 朱文刚小字。柴舍者,朱文刚,与耿再成死处州难。(《明史·何文辉传》,2587页)文刚,太祖养子,小字柴舍。(《明史·忠义传一》,4954页)

真童 金刚奴 太祖义子小字。真童守处州,金刚奴守衢州,皆义子也。金刚奴后无考。(《明史·何文辉传》,2587页)

保儿 平安小字。平安,滁人,小字保儿……安初为太祖养子,骁勇善战,力举数百斤。……永乐七年三月,帝巡北京。将至,览章奏见安名,谓左右曰:"平保儿尚在耶?"安闻之,遂自杀。(《明史·平安传》,2704—2706页)

把都帖木儿 吴允诚初名。吴允诚,蒙古人。名把都帖木儿……官至平章。……帝以蒙古人多同名,当赐姓别之……允诚得赐姓名。(《明史·吴允诚传》,2841页)

伦都儿灰 柴秉诚初名。永乐三年,(吴允诚)与其党伦都儿灰率妻子及部落……来归。……伦都儿灰亦赐姓名柴秉诚,授后军都督佥事。……自是降附者益众,边境日安。(《明史·吴允诚传》,2841页)

答兰 吴允诚子初名。允诚三子:答兰、管者、克勤。……答兰与别立哥请出塞自效,有功。……命答兰更名克忠,袭其爵。(《明史·吴允诚传》,2841—2842页)

别立哥 柴秉诚子初名。别立哥者,秉诚子也。(《明史·吴允诚传》,2841页)

管者 吴允诚子初名。允诚妻与管者谋,召部将都指挥保住、卜颜不花等擒其党,诛之。帝喜,降敕奖之……授管者指挥佥事。(《明史·吴允诚传》,2841页)

脱欢 薛斌本名。薛斌,蒙古人,本名脱欢。父薛台,洪武中归附,赐姓薛……斌嗣职……从北征有功,进都督同知。(《明史·薛斌传》,2842页)

寿童 薛斌子小字。斌卒,子寿童方五岁,从父贵引见仁宗,立命嗣伯,赐名绶。长,骁勇善战。(《明史·薛斌传》,2842页)

脱火赤 薛贵本名。贵,本名脱火赤,斌之弟。以舍人从燕王起兵,屡脱王于险,积官都指挥使。(《明史·薛斌传》,2843页)

丑驴 李贤初名。李贤,初名丑驴,鞑靼人。元工部尚书。洪武二十一年来归,通译书。太祖赐姓名,授燕府纪善。(《明史·薛斌传》,2843页)

买驴 吴成初名。吴成,辽阳人,初名买驴。父通伯……太祖时,观童来降,通伯父子与俱。买驴更今姓名,充总旗,数从大军出塞。……南军闻吴买驴名,多于阵上指目之。(《明史·吴成传》,2843页)

阿鲁哥失里 金顺本名。金顺,本名阿鲁哥失里。永乐中来降,授大宁都指挥佥事。(《明史·吴成传》,2844页)

福寿 毛胜初名。毛胜,字用钦,初名福寿,元右丞相伯卜花之孙。……封南宁伯……疏请更名,从之。(《明史·毛胜传》,2846页)

哈喇 毛忠初名。毛忠,字允诚,初名哈喇,西陲人。曾祖哈喇歹,洪武初归附……正统十三年……始赐名忠。寻充右参军,协守甘肃。(《明史·毛忠传》,2848页)

脱脱孛罗 和勇初名。和勇,初名脱脱孛罗,和宁王阿鲁台孙也。……天顺元年诏加同知,赐姓名。……命充游击将军。(《明史·和勇传》,2849页)

克罗俄领占 罗秉忠初名。罗秉忠,初名克罗俄领占……英宗复命秉忠为指挥使,协理卫事。……天顺初,始赐姓名。(《明史·罗

秉忠传》，2850页）

云按：明兴，诸番部怀太祖功德，多乐内附。凡初名、本名皆本旗小字，后赐姓名授以官职，传世不绝。录之可考其盛衰之迹。

云　王守仁小字。王守仁，字伯安，余姚人。父华……成化十七年进士第一。……守仁娠十四月而生。祖母梦神人自云中送儿下，因名云。五岁不能言，异人拊之，更名守仁，乃言。……守仁天资异敏……忽悟格物致知，当自求诸心，不当求诸事物，喟然曰："道在是矣。"遂笃信不疑……世遂有"阳明学"云。（《明史·王守仁传》，3437页）

可法　史可法小字。史可法，字宪之，大兴籍，祥符人。……从质妻尹氏有身，梦文天祥入其舍，生可法。以孝闻。举崇祯元年进士……叙江北战功加少师兼太子太师……为（扬州）督师。（《明史·史可法传》，4691—4696页）

云按：从梦取名，盖小字。

小范　安希范字。安希范，字小范，无锡人。万历十四年进士。授行人。迁礼部主事……改南京吏部。（《明史·安希范传》，4037页）

瑶瑟　屠隆女字。屠隆者，字长卿，明臣同邑人也。生有异才，尝学诗于明臣，落笔数千言立就。……隆女瑶瑟并能诗。（《明史·徐渭传》，4939页）

小修　袁中道字。中道，字小修。……从两兄宦游京师，多交四方名士，足迹半天下。万历三十一年始举于乡。又十四年乃成进士。由徽州教授，历国子博士、南京礼部主事。（《明史·袁宏道传》，4945页）

文清　徐渭小字。徐渭，小字文清，后改文长。（《汉语人名文化放谈》，358页）

《孝义传》所载布衣之氓、匹夫匹妇、儿童稚弱之微贱，行修于闺阃之中，而名显于朝廷之上。可以正风俗，激劝道。今录其小字或疑为小字者于下。因事迹不详，大致事亲尽孝，或万里寻亲，或三年庐墓,或闻丧殒命,或负骨还乡,统依史载并列,不便单述。

洪武时,有上元徐**真童**、龙江卫丁**歪头**、徐州王**僧儿**、江浦张二女**胜奴**、昌平刘**驴儿**。(《明史·孝义传一》,5070页)

永乐间有大兴王万**僧奴**,东光回**满住**,金吾右卫何**黑厮**,金吾后卫包**三**,武功中卫蒋**小保**、周**阿狗**,旗手卫周**来保**,江宁浦**阿住**,上元冯**添孙**、邵**佛定**,上海沈氏**妙兰**,江阴卫徐**佛保**,府军卫浦**良儿**,府军后卫王**保儿**、潘**丑儿**,水军右卫黄**阿回**,苏州卫张**阿童**,广洋卫郑**小奴**,大河卫朱**阿金**,龙江提举司匠胡**佛保**,永新左**兴儿**,阳武刘**大**,灵宝贺**贰**,肤施陈**七儿**。(《明史·孝义传一》,5070页)

景泰间,有龙泉顾**佛僧**。(《明史·孝义传一》,5071页)

天启间,有歙县孝童女**玉娥**。(《明史·孝义传一》,5073页)

云按:史载其小字,以志忠孝义烈之行,今录之。

阿寄 徐氏仆小字。徐氏昆弟析产而居,伯得一马,仲得一牛,季寡妇得阿寄,时年五十余矣。寡妇泣曰:"马则乘,牛则耕,老仆何益?"寄叹曰:"主谓我不若牛马耶!"乃画策营生,示可用状。……寄入山贩漆,期年而三倍其息,谓寡妇曰:"主无忧,富可致矣。"历二十年,积资巨万……寡妇财雄一邑。(《明史·孝义传二》,5097页)

云按:史录其名,而失姓氏,可悯可叹。

月娥 丁氏女小字。月娥,西域人,元武昌尹职马禄丁女也。少聪慧……长适芜湖葛通甫,事上抚下,一秉礼法。……太祖渡江之六年,伪汉兵自上游而下……月娥挟诸妇女往避之。未几,寇至,城陷,月娥叹曰:"吾生诗礼家,可失节于贼邪!"抱幼女赴水死。(《明史·列女传一》,5150页)

娥 诸士吉女字。孝女诸娥,山阴人。父士吉,洪武初为粮长。有黠而逋赋者,诬士吉于官,论死。……娥方八岁,昼夜号哭,与舅陶山长走京师诉冤……重伤卒,里人哀之,肖像配曹娥庙。(《明史·列

女传一》,5151页)

锦挐 唐方妻小字。唐方妻,浙新昌丁氏女,名锦挐。洪武中,方……坐法死,妻子当没为官婢。……监护者见丁色美,借梳掠发,丁以梳掷地,其人取掠之,持还丁。丁骂不受……跃出赴水……随流而没,年二十八,时称其处为夫人潭。(《明史·列女传一》,5151页)

佳娘 李广妻小字。卢佳娘,福清李广妻。婚甫十月,广暴卒,卢恸绝复苏……既殓,哭辄僵仆,积五六日,家人防懈,潜入寝室自经。(《明史·列女传一》,5152页)

妙聪 张孟喆家婢名。义婢妙聪,保安右卫指挥张孟喆家婢也。永乐中……孟喆在行。北寇入掠,妻李谓夫妹曰:"我命妇,与若皆宦门女,义不可辱。"相挈投井中,妙聪亦随入,见二人俱未死,以李有娠,恐水冷有所害,遂负之于背。贼退,孟喆弟仲喆求三人井中,以索引嫂妹出,而婢则死矣。(《明史·列女传一》,5153—5154页)

妙凤 吴奎妻名。王妙凤,吴县人。适吴奎。姑有淫行。正统中,奎商于外。姑与所私饮,并欲污之,命妙凤取酒,挈瓶不进。频促之,不得已而入。姑所私戏绖其臂。妙凤愤,拔刀斫臂不殊,再斫乃绝。父母欲讼之官,妙凤曰:"死则死耳,岂有妇讼姑理邪?"逾旬卒。(《明史·列女传一》,5156页)

泰奴 杨得安女小字。杨泰奴,仁和杨得安女。许嫁未行。天顺四年,母疫病不愈。泰奴三割胸肉食母,不效。一日薄暮,剖胸取肝一片……和粥以进,母遂愈。(《明史·孝女传一》,5157页)

金贞 欧阳梧女字。江夏欧阳金贞者,父梧,授《孝经》、《列女传》。稍长,字罗钦仰,从梧之官柘城。梧艰归,舟次仪真,钦仰坠水死。金贞年甫十四,惊哭欲赴水从之……及殓,剪发系夫右臂以殉。……生平独卧一楼,年六十余卒。(《明史·孝女传一》,5157页)

美音 丁正明女小字。丁美音,溆浦丁正明女。幼受夏学程聘,年十八将嫁,学程死,美音誓不再嫁……乃构室独居,鬻田自赡,事舅姑,养父母。乡人名其田为贞女田。(《明史·孝女传一》,5160页)

银儿 章氏女小字。章银儿,兰谿人。幼丧父,独与母居。……母方疾,邻居又火,银儿出视……欲扶母出,烈焰忽覆其庐,众莫能救。火光中,遥见银儿抱其母,宛转同焚死。(《明史·孝女传一》,5160—5161页)

端娘 陈廷策未婚妻小字。林端娘者,瓯宁人,字陈廷策。闻廷策讣,寄声曰:"勿殓,吾将就死。"……遂往哭奠毕,自克死期,理帛自经,三拱而绝。(《明史·孝女传一》,5162页)

妙善 姜荣妾小字。窦妙善,京师崇文坊人。年十五,为工部主事余姚姜荣妾。正德中,荣以瑞州通判摄府事。华林贼起,寇瑞州,荣出走……妙善……急取府印……贼意其夫人也,解前所执数人,独舆妙善出城。适所驱隶中,有盛豹者父子被掠……妙善……低语豹曰:"我所以留汝者,以太守不知印处,欲藉汝告之……"妙善至井傍,跳身以入。(《明史·孝女传一》,5162页)

金莲 玉莲 孙氏二女小字。孙氏,吴县卫廷珪妻。随夫商贩,寓浔阳小江口。宁王陷九江,廷珪适他往……孙氏谓两女金莲、玉莲曰:"……今贼已劫邻家矣,奈何?"女曰:"生死不相离,要当为父全此身耳。"于是母子共一长绳自束,赴河死。(《明史·孝女传一》,5164页)

姑姑 宁集略妻名。吴氏,永丰人,名姑姑。年十八,适宁集略。未一年,夫卒,六日不食。……母怜其少,欲令改适。往视之,同寝食三年,竟不敢出一语。归谓诸妇曰:"此女铁石心,不可动也。"(《明史·列女传二》,5168页)

蝉云 俞桧未婚妻名。张蝉云,蒲城人,许字俞桧。万历中,桧被诬系狱。女闻可贿脱……欲货妆奁助之。母不可……入暮自缢死。(《明史·列女传二》,5172页)

凤娘　徐明辉妻妹名。虞凤娘,义乌人。其姊嫁徐明辉而卒,明辉闻凤娘贤,恳其父欲聘为继室。女知,泣谓父母曰:"兄弟未尝同妻,即姊妹可知。"父执不听,女绝口不言,自经死。(《明史·列女传三》,5182页)

阿来　李氏婢名。蕲水李氏,诸生何之旦妻。流贼至蕲,执而逼之去,不从……贼断其颈死。从婢阿来抱李幼女,守哭。贼夺女将杀之,不与,伏地以身庇之。刺数十创,婢、女俱死。(《明史·列女传三》,5187页)

云按:以上《列女传》所载众多烈妇、义女,多逸其名,记为某氏,存小字于史者有表彰义,故重而录之。

三保　郑和小字。郑和,云南人,世所谓三保太监者也。初事燕王于藩邸,从起兵有功,累擢太监。成祖疑惠帝亡海外,欲踪迹之,且欲耀兵异域,示中国富强。……和经事三朝,先后七奉使,所历……凡三十余国。……故俗传三保太监下西洋,为明初盛事云。(《明史·郑和传》,5200—5201页)

九四　张士诚小字。张士诚,小字九四,泰州白驹场亭人。有弟三人,并以操舟运盐为业,缘私作奸利。……高邮守李齐谕降之,复叛……绐杀李齐,袭据高邮,自称诚王,僭号大周,建元天祐。是岁至正十三年也。……士诚自起至亡,凡十四年。(《明史·张士诚传》,2446—2449页)

九六　张士德小字。探马来报:"张士德率兵来援了。"徐达道:"士德么?他小字叫作九六,系士诚亲弟。士诚作乱,统是他一人主谋。"(蔡东藩《明史演义》第七回)

林儿　韩山童子小字。韩林儿,栾城人……元末,林儿父山童鼓妖言,谓"天下当大乱,弥勒佛下生"。河南、江淮间愚民多信之。颍州人刘福通……物色林儿,得诸砀山夹河……挟林儿走安丰。(《明

史·韩林儿传》,2439页)

赛儿 林三妻小字。成祖永乐十八年三月,山东蒲台县妖妇唐赛儿作乱。赛儿,县民林三妻。(谷应泰《明史纪事本末》)

云按:《明史纪事本末》记载始自元至正元年(1341)朱元璋起兵,止于明崇祯十七年(1644)李自成攻下北京。《本末》载以小字起事者略摘于下,不再注出处。

大狗 瑶渠侯小字。景泰中,瑶渠侯大狗等倡乱。

千斤 和尚 荆襄盗小字。宪宗成化元年,荆襄盗刘千斤反,石和尚为刘千斤谋主。

勉儿 贾氏小字。正德六年,朝廷调兵讨贾勉儿等。

四仔 贼首李氏小字。正德七年,贼首李四仔聚众数千流劫。

庚二 邦四 东乡贼小字。正德八年,江西兵备副使胡世宁引兵征东乡剧贼乐庚二、陈邦四等,尽擒之。

六郎 杨氏小字。崇祯元年,不沾泥、杨六郎率众掠富家粟。

四儿 延安贼小字。崇祯四年五月,延安贼赵四儿以万余人掠韩城。

和尚 贼目小字。崇祯五年,贼目乔六、赵和尚斩其魁以降。

回回 贼首小字。崇祯十二年十月,老回回、革里眼等合二万人,分屯英、霍、潜、太湖诸山寨,突犯安庆。

云按:拙著《考字说文论》(安徽教育出版社,2015年)在《名字三味》一节,有《另类名字从俗》一味,语料来自《明史纪事本末》。明从永乐十八年至崇祯末,民间反事不断,《本末》皆加以"盗贼"名,记其俗名、俗号,已详于彼著。此取其小字者,所加罪名从原文,以存史旧迹。

黄来儿 李自成小名。李自成出生在陕西省米脂县李继迁寨一户农民家庭,幼年时给地主放羊。他本名叫鸿基,小名叫黄来儿。(雷

风行《解读名人姓名》,华文出版社,2002年,67页。下引本书准此)

努尔哈赤 太祖高皇帝乳名。太祖高皇帝,姓爱新觉罗氏,讳努尔哈齐。其先盖金遗部。始祖……号其部族曰满洲。满洲自此始。……在位十一年,年六十有八。(《清史稿·太祖本纪》,中华书局,1976年,1—17页。下引本书准此)

穆尔哈齐 太祖弟乳名。诚毅勇壮贝勒穆尔哈齐,显祖第二子。骁勇善战,每先登陷阵。(《清史稿·显祖诸子传》,8939页)

舒尔哈齐 太祖弟乳名。庄亲王舒尔哈齐,显祖第三子。初为贝勒。……顺治十年,追封谥。(《清史稿·显祖诸子传》,8942页)

雅尔哈齐 太祖弟乳名。通达郡王雅尔哈齐,显祖第四子,太祖同母弟。……顺治十年五月,追封谥,配享太庙。(《清史稿·显祖诸子传》,8963页)

云按:雷风行《解读名人姓名》有"努尔哈赤的含义"条,引阎崇年《努尔哈赤传》述满文专家金先生笺示说:"幼时曾闻满文专家含亲松贤前辈说过,努尔哈齐(赤)系'野猪皮'之义,舒尔哈齐为'小野猪皮',雅尔哈齐为'豹皮'(舒、雅皆为努尔哈赤之弟)。其说也有根据。后阅西伯利亚通古斯各族民俗,小儿多喜以所穿之某种兽皮之衣以为乳名,可反证松贤之说确实无误矣。"据此以推,穆尔哈齐也为乳名。正史缺载乳名,特补出。

福临 顺治皇帝讳。世祖,讳福临,太宗第九子。母孝庄文皇后方娠,红光绕身,盘旋如龙形。诞之前夕,梦神人抱子纳后怀曰:"此统一天下之主也。"寤,以语太宗。太宗喜甚,曰:"奇祥也,生子必建大业。"翌日上生,红光烛宫中,香气经日不散。(《清史稿·世祖本纪一》,83页)

云按:从方娠到诞生,皆呈祥瑞、福气临宫,故名福临,盖初名。

午格 宣统皇帝小名。宣统皇帝名溥仪,宣宗之曾孙……光绪

三十二年春正月十四日,诞于醇邸。……入承大统,为嗣皇帝……时年三岁。(《清史稿·宣统皇帝本纪》,967页)

云按:传记文学学会副会长贾英华,撰有《末代皇帝的后半生》,是补续溥仪自传《我的前半生》之作。《中国电视报》2015年第16期登《贾英华讲述溥仪秘史》,首次披露了溥仪的小名午格。"午"说明了溥仪出生的具体时辰,"格"是满文,意思是英俊的男子汉。溥仪查看父亲醇亲王载沣的日记,翻到记载自己出生的那一页,发现一个黄绫字条,揭开一看,有两个字:午格,这才知道自己的小名。正史不载,此特补出。

兰儿 那拉氏幼名。那拉氏幼名兰儿,父亲叫作惠征,是安徽候补道员,穷苦得不可言状,遗下一妻二女,回京乏资,亏了个清江知县吴棠,送他赙仪三百两,方得发丧还京。……回京后,过了一二年,正值咸丰改元,挑选秀女,入宫备使。兰儿奉旨应选……到了咸丰四年,这兰儿……竟居然得邀天宠了。……翌日,即封她为贵人。(蔡东藩《清史演义》第六十三回)

云按:那拉氏贵人,即后来的慈禧太后。

阿敏 舒尔哈齐子名。阿敏,舒尔哈齐第二子。……天命元年,与代善、莽古尔泰及太宗并授和硕贝勒,号"四大贝勒",执国政。(《清史稿·显祖诸子传》,8943页)

恭阿 阿敏子名。阿敏子六,有爵者五:爱尔礼、固尔玛珲、恭阿、果盖、果赖。……恭阿,亦以阿敏得罪,与固尔玛珲同遣,寻同还宗籍。顺治五年……封镇国公。(《清史稿·显祖诸子传》,8945—8946页)

瓦三 阿敏孙名。阿敏子六,有爵者五:爱尔礼、固尔玛珲、恭阿、果盖、果赖。……镇国襄敏公瓦三,固尔玛珲子。……俄罗斯侵据雅克萨,上遣瓦三偕侍郎果丕,会黑龙江将军萨布素按治。……卒,谥襄敏。(《清史稿·显祖诸子传》,8945—8946页)

神保住 雅布子名。简纯亲王济度,济尔哈朗第二子。初封简郡王。……雅布,济度第五子。……神保住,雅布第十四子。初封镇国将军。(《清史稿·显祖诸子传》,8950—8952页)

豪格 太宗第一子名。肃武亲王豪格,太宗第一子……顺治三年,命为靖远大将军……西征……陕西平……入四川,张献忠据西充……师继进,抵西充,大破之,豪格亲射献忠……多尔衮与豪格有夙隙……系豪格于狱。三月,薨。……纳豪格福晋……顺治八年正月,上亲政,雪豪格枉,复封和硕肃亲王,立碑表之。(《清史稿·太宗诸子传》,9044—9047页)

洛格 豪格弟名。继妃乌喇纳喇氏生肃亲王豪格、洛格……洛格……殇,无封。(《清史稿·太宗诸子传》,9044页)

云按:依"午格"小名例,豪格、洛格俱为小名。

富寿 豪格子名。二月辛丑,上幸南苑。……癸卯,上还宫。乙巳,封和硕肃亲王豪格子富寿为和硕显亲王。(《清史稿·世祖本纪二》,122页)

云按:豪格本传言豪格子七八,有爵者二,即富绶、猛峨。富绶即富寿,袭封。

锡保 顺承亲王名。礼烈亲王代善,太祖第二子。……萨哈璘,代善第三子。……勒克德浑,萨哈璘第二子。……诺罗布,勒克德浑第三子……累官至杭州将军。……薨……子锡保,嗣。雍正三年,掌宗人府事……九年,上以锡保治军勤劳,进封顺承亲王。(《清史稿·太祖诸子传一》,8972—8993页)

牛钮 世祖第一子名。顺治八年十一月乙亥朔,皇第一子牛钮生。(《清史稿·世祖本纪二》,127页)庶妃巴氏生牛钮……牛钮……殇,无封。(《清史稿·世祖诸子传》,9052页)

福全 裕宪亲王名。裕宪亲王福全,世祖第二子。幼时,世祖问

志,对:"愿为贤王。"世祖异之。康熙六年,封,命与议政。(《清史稿·世祖诸子传》,9052页)

常宁 恭亲王名。恭亲王常宁,世祖第五子。康熙十年,封。……二十二年秋,上奉太皇太后幸五台,常宁扈从。(《清史稿·世祖诸子传》,9056—9057页)

云按:史记清族人名多用本国语,从汉俗取小名例,偶也可见,故录之。

阿哈出 女真头人名。阿哈出,辽东边外女真头人。太祖以建州卫起兵。建州设卫……阿哈出也,明赐姓名李诚善,所属授千百户、镇抚,赐诰印……永乐三年十月,阿哈出朝于明。(《清史稿·阿哈出传》,9115页)

释加奴 猛哥不花 阿哈出二子名。阿哈出子二:释加奴、猛哥不花。永乐八年,成祖亲征出塞,释加奴率所属从战有功……赐姓名李显忠……十四年,释加奴、猛哥不花朝于明,为所属乞官。(《清史稿·阿哈出传》,9116页)

满住 释加奴子名。释加奴已前卒,宣德元年三月辛丑,以其子李满住为都督佥事。(《清史稿·阿哈出传》,9116页)

官保奴 猛哥不花子名。猛哥不花子二:撒满哈失里、官保奴。……宣德五年三月,官保奴朝于明。(《清史稿·阿哈出传》,9117页)

云按:建州设卫,始自阿哈出,枝干互生,左右析置,自永乐至嘉靖,一百五十余年而阿哈出之世绝。阿哈出、猛哥不花原为女真字初名,至明永乐,或赐名,或仍旧,或从汉俗取名。盖缘为初名、小名。清自述其宗系,而明乃得之于简书,信以传信,疑以传疑,故有此传。

梦庚 左良玉子名。左梦庚,山东临清人。父良玉,《明史》有传。良玉初授平贼将军,及封宁南伯,以平贼将军印授梦庚。……良玉……病卒。诸将推梦庚为帅。总督袁继咸御战,梦庚还驻池州,遣兵间道自彭泽下建德,遂取安庆。(《清史稿·左梦庚传》,9660页)

鸦头 张士义乳名。张士义,乳名鸦头,江宁人。故无赖而有肝胆,能急人之急。……咸丰四年……士义与刘隆舒、吕长兴、朱硕龄等凡五十七人,乘晦……登城……杀贼……事不济……被执,穷其主使。士义叱曰:"欲杀则杀,主使不可得也。……"遂与隆舒、长兴、硕龄俱死。(《清史稿·忠义传七》,13631－13632页)

葵生 李芳燝小字。李芳燝,小字葵生,湖南湘乡人。明季流寇至……芳燝父母皆被掠……弃家,求父母所在。行数年至贵阳……果得父……又数年至宝庆,暮投山家宿,见二妪操作,其一方理炊,乃似母。芳燝自陈寻母状,妪闻遽呼曰:"汝葵生耶?吾即汝母也。"……遂奉母还。(《清史稿·孝义传二》,13772页)

七 武训小名。武训,山东堂邑人。乞者也,初无名,以其第曰武七。七孤贫,从母乞于市,得钱必市甘旨奉母。母既丧,稍长,且佣且乞。自恨不识字,誓积赀设义学……积三十年,得田二百三十亩有奇,乞如故。……又数年,设义塾柳林庄……开塾日,七先拜塾师,次遍拜诸生……于学有不谨者,七闻之,泣且劝。有司旌其勤,名之曰训……终身不娶……光绪二十二年,殁临清义塾庑下,年五十九。(《清史稿·孝义传三》,13812－13813页)

小松 黄易字。黄易,字小松,钱塘人。……工隶书,博通金石。……官山东运河同知,勤于职事。(《清史稿·文苑传三》,13420页)

小石 李淮字。咸丰十年贼陷广德,溧阳界其北,尚那布誓死守。……未几,贼复大集,攻城愈迫,越日城陷。尚那布……遂遇害。……时署金坛县知县李淮同以城陷殉难。淮,字小石,浙江鄞县人。(《清史稿·忠义传五》,13579页)

小嵩 张勋字。咸丰三年,安庆失守,桐人恟惧,知县遁去……

独县学生张勋誓死不避,(马)三俊亦急起而坐镇之。……勋,字小嵩,与三俊同县人。家贫,好倡举义行。尝搜罗桐城节孝贞烈妇女二千余人无力上闻者,汇请旌表,著《总旌录》四卷。(《清史稿·忠义传七》,13639－13641页)

云按:马三俊,祖宗琏,父瑞辰,皆进士,以经学显名。桐城陷,三俊父被执不屈死。三俊孤军深入,力战死之。

小福　陈瞽者字。富阳瞽者陈小福,避山中,从贼者识其神卜也,囚之。官兵攻急,贼势蹙,乃命之卜。小福曰:"若辈必尽死,无遗类,何卜为?"贼怒,剜其目,磔之。(《清史稿·忠义传七》,13655－13656页)

豫格　郑文焯小字。郑文焯,字俊臣,小字豫格,号叔问,又号小坡。(《汉语人名文化放谈》,333页)

小东　胡方朔字。胡方朔,字小东,安徽桐城人,康熙三十年辛未(1691)进士。(法式善等《清秘述闻三种》)

云按:拙著《考字说文论》在第二篇有一节《名字三味》,三味之一为《士子取字爱小》,取材于《清秘述闻三种》,内载科举中式士子,多有用"小"作表字者,或也以字代小名,以示谦逊之意。其中以"小"点眼的表字,有可能就是小名,但不能定。因是秘闻,与上史载小松、小石、小嵩一例,取闻疑传疑之意。兹摘《清秘述闻三种》小名于下。

小亭　王祖同字。王祖同字小亭,河南鹿邑人,乾隆三十四年己丑(1769)进士。

小汀　全庆字。全庆字小汀,满洲正白族人,乾隆三十四年己丑(1769)进士。

小筠　邓尔恒字。邓尔恒字小筠,江苏江宁人,乾隆三十八年癸巳(1773)进士。

小浦　张芾字。张芾字小浦,陕西泾阳人,乾隆四十年乙未

(1775)进士。

小山 郑敦谨字。郑敦谨字小山,湖南长沙人,乾隆四十年乙未(1775)进士。

小铁 王堃字。王堃字小铁,顺天苑平人,乾隆四十年乙未(1775)进士。

小帆 江国霖字。江国霖字小帆,四川大竹人,乾隆四十三年戊戌(1778)进士。

小霖 王祖培字。王祖培字小霖,顺天宝坻人,乾隆四十五年庚子(1780)进士。

小泉 胡瑞澜字。胡瑞澜字小泉,湖北江夏人,乾隆五十年乙巳(1785)进士。

小松 李钧简字。李钧简字小松,湖北黄冈人,乾隆五十四年己酉(1789)进士。

小樵 贾瑚字。贾瑚字小樵,山西夏县人,咸丰九年己未(1859)进士。

小川 李鸿逵字。李鸿逵字小川,江西德安人,同治四年乙丑(1865)进士。

小圃 陈荣昌字。陈荣昌字小圃,云南昆明人,光绪九年癸未(1883)进士。

其他如朱裴字**小晋**,李瑞遇字**小研**,费荫章字**小琳**,缪荃孙字**小珊**,郭梦惠字**小连**,吴应牧字**小颖**,昆冈字**小峰**,吕佩芬字**小苏**,费开绶字**小瓯**,等等,皆中举。

火秀 洪秀全小名。洪秀全,出生于广东花县一个农民家庭。父亲洪镜杨,世代务农。他幼年时小名叫火秀,七岁入村塾念书时取学名仁坤。后来……改名洪秀全……同他确立反清志向是联系在一起的。(《解读名人姓名》,88页)

长庚 程椿小名。著名京剧表演大师程长庚……名椿,谱名闻檊,字玉珊,一字玉山,小名长庚,寓号四箴堂。(安庆市地方志编纂委员会《安庆人物传》,黄山书社,2001年,257页)

九英 陈书曾孙女字。钱纶光妻陈,名书……秀水人。……署画,号南楼老人。……曾孙女与龄,字九英,为广西太平府同知吴江蒯嘉珍妻。亦能画,题所居曰仰南楼。(《清史稿·列女传一》,14023—14024页)

娥 王屠者女名。王氏女娥,九江屠者女也。顺治十四年,火,屠者方醉卧,娥奔火中,呼不起,遂并焚死。(《清史稿·列女传一》,14029页)

巧姑 张天相女名。张天相女巧姑,仪征人。乾隆十年正月庚寅,火,天相方病,巧姑年十四,负父欲出,同死。明日得其尸,犹负父也。(《清史稿·列女传一》,14029页)

末姑 杜仲梅女名。杜仲梅女末姑,安徽太平人。贼至,刃其母,抱持乞代,刃及,终不释。贼去,母创死,女抱母尸泣,达旦,寻毁卒。(《清史稿·列女传一》,14035页)

咏春 彭爵麒女名。彭爵麒女,名咏春,怀宁人。……咏春哭母殡僧寺,登浮屠自投死。(《清史稿·列女传一》,14036页)

媚 扬 邵氏二女名。邵氏二女,黟人,长名媚,十五。次名扬,十三。从父入山樵,虎出噬其父,媚持父挥樵斧斫虎,虎负创去,父女皆不死。(《清史稿·列女传一》,14037—14038页)

小韫 陈裴之妻字。陈裴之妻汪,名端,字允庄。七岁赋《春雪诗》,拟以谢道韫,因又字小韫,钱塘人。……所自为诗,有《自然好学斋集》……多为道家语。(《清史稿·列女传一》,14052—14053页)

春兰 傅光箕妻吴氏婢名。傅光箕妻吴,宣城人。吴归于傅,光箕已病矣,逾年卒。……久之……得婢曰春兰,拾籧供爨事。里媪或

呼春兰食,吴必审所自,戒勿轻受食。春兰自是即不受里媪食。(《清史稿·列女传二》,14065页)

云按:箨,竹笋的壳皮。

四符 四采 秦甲祐子名。秦甲祐妻刘,三原人。……甲祐卒,时岁饥,兵未定。刘抚二子四符、四采。尝训之曰:"年荒,众人之荒;学荒,则吾儿之荒也。兵乱,众人之乱;心乱,则吾一家之乱也。"闻者以为名言。四符,甲祐前妇子也。刘爱之,均于所生。(《清史稿·列女传二》,14066页)

春 刘柱儿妻字。刘柱儿妻鲁,字春。柱儿先为李氏义子,聘于鲁,既复还刘氏。李富而刘贫,于是李氏之人,嗾鲁使罢婚,刘不敢争也。春闻,亡之刘氏,鲁氏劫春归。讼于县,县判归刘氏。(《清史稿·列女传二》,14086—14087页)

云按:柱儿,也是小名。

瑶娃 赵维石妻小字。赵维石妻张,小字瑶娃,宁羌人。年十七,未行。嘉庆初,教匪掠州,贼渠得之,以畀其妻。其妻以瑶娃慧,畜为女,渠累欲污之,赖其妻以免。……会县吏过门,瑶娃拔银钗贿吏,使告县。瑶娃至县庭,陈始末,乃召维石,为合婚,与俱归。(《清史稿·列女传二》,14087—14088页)

秀女 于天祥聘妻名。于天祥聘妻王,名秀女,祥符人。……天祥死,王父母秘不使知。久之始闻,力请奔丧……具奠,即夕自经。(《清史稿·列女传二》,14091页)

二妹 方礼秘聘妻名。方礼秘聘妻范,名二妹,建水人。……字礼秘,未行。礼秘父良佐死,妻改嫁萧伸,居方氏,礼秘及其兄、妹皆死。范闻,哭之恸,请于父母归方氏。居久之……始知礼秘非良死……冤不得白,恒时时号痛。(《清史稿·列女传二》,14091页)

孝 刘戊儿聘妻名。刘戊儿聘妻王,名孝,武陟人。未嫁,岁大无,戊儿行六年不归。父母欲别嫁,孝间出,如刘氏。值老妪,问刘戊儿母,妪曰:"我即戊儿母也。"孝拜且泣曰:"我王氏女,姑之子妇也!"……妪……以贫无食辞。曰:"……兹固为养姑来也。……如不见容……惟赴水死耳!"妪告孝父母许焉。……事姑十二年,姑死乃死。(《清史稿·列女传二》,14099－14100页)

云按:戊儿也是刘氏小名。

凤鸾 汪荣泰聘妻名。汪荣泰聘妻唐,名凤鸾。荣泰,歙人;唐,淳安人。父以许荣泰,未聘而父卒,母更许他姓。他姓来聘,唐自所居楼……跃而出,遂堕地死。荣泰……乃迎丧以归。(《清史稿·列女传二》,14101页)

粉姐 某氏女名。粉姐,失其姓,高邮人。父为连氏苍头,字某氏子。岁饥,某氏子行乞,转徙十余年。女父遇之江都市上,某氏子曰:"我终不能娶,还我聘钱,听别嫁。"女父喜,还聘钱,与析券。归告女,女呜咽不语,夜自经。(《清史稿·列女传二》,14102页)

宦姑 罗仁美前室女名。罗仁美妻李,仁美,扬州人……李,龙游人。家扬州广储门。师下扬州,李方娠,积薪所居楼下,呼诸妇曰:"愿死者共死,毋辱!"于是……前室女宦姑及诸妇,从李登楼,凡十二人。呼婢菊花举火。(《清史稿·列女传三》,14109页)

菊花 罗仁美妻婢女名。从李登楼,凡十二人。呼婢菊花举火……见黑烟出瓦隙,火合楼摧……兵去,发楼烬,拾残骼,惟菊花遗肢衣可辨。乃丛葬十三人西华门外。(《清史稿·列女传三》,14109页)

淑明 淑仪 罗章衮妻杜氏养女名。罗章衮妻杜,群聘妻田,淳化人。……顺治三年,寇至,城破,杜指墙间井,语养女淑明、淑仪曰:"此吾曹死所也!"遂入井。淑明、淑仪相向哭,从之下。(《清史稿·列女传三》,14111页)

优姐 罗章衮从子群聘妻田氏女名。田与杜连墙居,闻哭,呼其

窦芳 雁珠 罗章衮侄女及其从姊名。先一年,县兵噪变,章衮侄女窦芳堕楼死,窦芳有从姊雁珠,明崇祯间死寇,窦芳方在娠,其母梦雁珠偕一女至,谓唐奉天窦烈女也,故命曰窦芳。……乡人合前后称"七烈"。(《清史稿·列女传三》,14111页)

亥娘 竹姑 酉娘 王氏三女名。王氏三女:长亥娘,次竹姑,次酉娘,博白农家女。康熙十九年,避寇宴石岩,寇攻岩,姊妹皆投崖死。(《清史稿·列女传三》,14116页)

莲姑 郭俊清女名。郭俊清女莲姑,巴州人。嘉庆二年九月,教匪破城,掠以去,女骂不绝。贼褫其衣,骂愈厉,杀之,书其背曰"烈女尸"。(《清史稿·列女传三》,14116页)

慧奴 黄嘉文妻名。黄嘉文妻蔡,名慧奴,黄岩人。康熙十三年,耿精忠之徒陷黄岩,明年,师复黄岩,以黄岩民尝丽贼,俘焉。……驻防将,将艳蔡,欲以为子妇……蔡取壁间刀自刭死,将投其尸于江。(《清史稿·列女传三》,14119页)

弃娘 傅璇妻名。傅璇妻黄,名弃娘,台湾人。璇,为霖子也。为霖事败……为霖、璇皆被杀,弃娘矢殉……弃娘曰:"今日之事,子为父死,妻为夫死,复何言?"卒自经。(《清史稿·列女传三》,14121页)

仙英 陈吉麟女名。陈吉麟妻周,临川人。咸丰间,洪秀全之徒破县,周与女仙英走铜岭,贼及之,加剑于项,逼之,不肯从。杀仙英,愈怒,批贼颊,贼杀之。(《清史稿·列女传三》,14126页)

怀珠 曹士鹤妻名。曹士鹤妻管,名怀珠,字藏真,亦江宁人。士鹤官陕西清涧知县。城将破,与士鹤兄妻李缢朱氏祠树上,自书衣襟曰:"陕西清涧县知县曹士鹤妻管氏为国死于此。"(《清史稿·列女传三》,14126—14127页)

亥姑 章瑶圃女名。章瑶圃女亥姑,余杭人。咸丰十年,年十五。……贼至,亥姑抱柱坚不释……贼斫其肩背,亥姑骂曰:"恨不为男子杀尔辈尽!"贼勒其颈死。(《清史稿·列女传三》,14128页)

婉容 王氏女名。王氏女婉容,亦家双林。贼掠其父母,婉容请于贼:"释父母,我从汝去。"贼释其父母。已入舟,婉容出户呼曰:"我犹有语,请少待!"且呼且行,近水,疾跃自沉……遂死。(《清史稿·列女传三》,14130页)

彩霞 杨某妻名。杨某妻沈,名彩霞,金华人。生农家,有力,能舞大刀,重百斤。……咸丰十一年,贼将至,乡人集团练得数百人,推彩霞主之。……洪秀全将李世贤自龙游至,彩霞乘其未定击之,败走。……金华破,彩霞自到死。杨某亦死乱军中。(《清史稿·列女传三》,14131页)

九妹 武昌女子名。武昌女子,不知其姓氏,在贼中号为朱九妹。咸丰间,洪秀全破武昌,驱以东,至江宁,杨秀清欲纳之。女侍饮欢甚,潜置毒酒食中进秀清,持之急,秀清察有异,磔死。(《清史稿·列女传三》,14133页)

春英 张守一女名。张守一女春英,山西人,寓海城。同治二年,回乱,守一已卒,弟、妹幼,母悲泣。春英阳语回:"能脱我母及弟、妹,愿相从。"回遣两骑使守一旧仆护之行。春英度去远,入井死。(《清史稿·列女传三》,14134页)

翠环 王秉堃女名。王秉堃女翠环,固原人。亦为回得,欲挟之去,翠环曰:"释我父、兄,可。"回释其父、兄,曰:"我弱不任骑,愿以舆行。"回喜……女舆中饵毒,未至回所,死舆中。(《清史稿·列女传三》,14134页)

秀莲 魏克明女名。魏克明女秀莲,泾州人。同治七年二月,从两兄行避兵。……回迫秀莲乘马渡水,至中流,坠水死。(《清史稿·列女传三》,14134—14135页)

婉梨 黄氏女名。黄氏女,名婉梨,江宁人。咸丰三年,洪秀全破江宁,婉梨方五岁……同治四年,师克江宁,有兵入其室,杀其母及其兄弟,缚婉梨置舟中,谓将归湖南。……月余,将至其家……投逆旅,二人方共饮,婉梨见牖上有毒鼠药,潜置食中。夜分,一人毒发死,一人毒浅,未即死,婉梨掣所佩刀剚其腹,题诗壁间,述始末,自经死。(《清史稿·列女传三》,14135 页)

香兰 缠娃 王氏二女名。王氏二女,香兰、缠娃,秦州人。同治八年,回乱,掠香兰。悦其色,以好言诱,不从;刃胁,不屈。欲走投崖,为贼追及,支解死。缠娃年十六,尤丽。贼縶以行,缠娃唾贼面骂,不少怯,亦见杀。(《清史稿·列女传三》,14138 页)

纯秀 张氏女小字。张氏女,小字纯秀,年十七,有色。为回得,坚縶之。女止哭,求弛缚,度峭岩,耸身自掷岩下死。(《清史稿·列女传三》,14139 页)

雪雁 音德布女名。音德布女雪雁,西安驻防,正红旗人。幼慧……乱作,从家人出避。行遇兵,有诱之者,雪雁引刀断其指,血沾衣,诱者惊却。又遇兵,强胁之,女大诟曰:"吾头可断,志不可夺!"兵群起抶之,无完肤,女骂不绝,刃洞胸死之。(《清史稿·列女传三》,14140 页)

湘娥 窦鸿妾字。窦鸿妾郝,字湘娥,保定人。十六为鸿妾,能诗善奕,画兼工花草、士女。……豪家谋夺之,不能。嗾盗诬鸿死,湘娥因自经。将死,为绝命词,矢为厉以报。(《清史稿·列女传三》,14147 页)

合珠 章学闵妻名。章学闵妻董,名合珠,连江人。故为婢,嫁学闵。学闵贫不自聊,走死深山中。董号泣求之,不知其存亡。逾年,有樵入山……行见遗骸委于地,双履在侧。出以语人,董闻曰:"得非吾夫乎?"亟往视履,其手制也。拾余骨瘗焉,即夕自经死。(《清史稿·列女传三》,14147—14148 页)

汀哥 林守仁女名。林守仁妻王,侯官人。守仁以优贡生客死京师,无子,女汀哥,前室出也。王矢死。逾年,守仁丧还,王治丧竟……为汀哥制履成……因语汀哥曰:"母去,儿无恐……"顷之,午食竟,入室自经。(《清史稿·列女传四》,14155页)

贞仙 于某妻名。于某妻蔡,名贞仙,金坛人。年十九,将嫁而婿病,卜者言:"迎妇吉。"贞仙母难之。贞仙请于母曰:"彼欲已病而违之,非义。"乃行。(《清史稿·列女传四》,14157页)

桂喜 尹春妻名。尹春妻张,歙人。初为黄氏婢,名桂喜。主妇程,知书,尝与诸娣姒说古列女事,桂喜窃听,辄称羡。既嫁而孀,遂矢死……卒不食死。(《清史稿·列女传四》,14166页)

原姑 杨某聘妻字。杨某聘妻章,字原姑,秀水人。年十九,县隶请婚,父不许,许杨氏。县隶与其徒噪于门,诬原姑与有私,原姑夜缢死。县吏欲宽隶,狱上,巡抚持不可,乃绞隶,旌原姑。(《清史稿·列女传四》,14168页)

黑姑 王某妻字。王某妻李,字黑姑,天津人。姑不贞,与盐运使隶有私,计欲并污李。……夜半,启户纳隶,隶迫李,李呼,姑掩其口。取刀自到……越三日乃死。(《清史稿·列女传四》,14172页)

领姑 许氏名。许氏,名领姑,歙人,夫亦县诸生。咸丰十年,贼至,其舅将降,许泣谏,勿纳,亦自经死。(《清史稿·列女传四》,14175页)

兰姑 梅氏名。梅氏,名兰姑,不知何县人。嫁夫不肖,欲携以为豪家奴,梅不可。……夫引僧入其室,梅力拒。邻以告官,官笞僧及其夫。夫……又徙居木工家,夜,诸恶少入室,将强污之。邻复以告官,官未即听其狱,梅自经死。(《清史稿·列女传四》,14175页)

潮音 王均女名。王均妻汤,均,吴人。汤,宝山人。汤故富,均赘于汤,汤父母遇之薄。……雍正十年秋七月,海潮大至,均夫妇仓

卒缘树,均攀枯枝折,溺焉……汤遗腹生女,名之曰潮音。(《清史稿·列女传四》,14182页)

兰香 李氏女名。李氏女,名兰香,长安李氏婢也。李氏有仆,私欲妻兰香,未敢言。会有客至,治具,主母命兰香取具楼上,仆从登……就拥之。兰香号,持之坚,卒不从。仆虑事败,以麻秸劗其腹,深数寸,遂死。(《清史稿·列女传四》,14182—14183页)

翠金 施氏婢名。翠金,不知其氏,平湖施氏婢也。主客授于外,翠金侍主妇,不苟言笑。邻有无赖夜持刃逾垣入,翠金呼,无赖慑以刃,翠金曰:"我不畏死!"骂愈厉,遂见杀。(《清史稿·列女传四》,14183页)

秋蝉 罗季儿妻名。罗季儿妻秋蝉,不知其氏,武昌人。为攸人佣,欲逼污之,不胜辱,季儿、秋蝉皆自杀。(《清史稿·列女传四》,14185页)

云按:季儿也是小名。

惠 刘氏女小字。刘氏女,小字惠,舞阳人。年十六,美而端。父母出力田……邻子入其室,女诟,邻子出,复还掩其口。女怒,啮邻子,伤手。……邻媪入视,邻子乃去。晡,父母还,女言其事,大恸,谓为无赖辱,当死。父母慰喻之百端,卒自缢。告官,邻子诡言故与女有私。按女尸,处子,乃论杀邻子。(《清史稿·列女传四》,14185页)

金莲 陈氏婢名。陈氏婢金莲,梁县人,县诸生陈其珍家婢也。流贼破县,金莲负其珍幼子以逃。……贼斫陈氏子,金莲身覆翼之,被数创,终不舍。贼去,金莲死,陈氏子得全。(《清史稿·列女传四》,14193—14194页)

新喜 邱氏婢名。邱氏婢新喜,泸江人。邱氏富,寇至,举室走匿。执新喜,问其主安在,榜之垂毙,终不言。寇退,创重死,邱氏世祠焉。(《清史稿·列女传四》,14194页)

秋波 蔡氏婢名。王氏,名秋波,为晋江蔡氏婢。主将以为妾,而卒,无子。秋波长,家人遣之,秋波泣曰:"郎君将以为妾,郎君死,不可以贰。有为郎君后者,婢请得抚之。不然,当殉。"族人义焉,以从子六韬为其主后。娶于吴,生子,而六韬又卒。秋波与吴同处抚孤。(《清史稿·列女传四》,14195页)

保姑 江贵寿妻名。江贵寿妻王,名保姑,歙人。贵寿樵也,年倍王,王事之无怨语。既嫠,入县曹氏为其女保母。曹氏女嫁,从之往。咸丰十一年,出避贼,曹氏女方娠,不能行,乃匿诸深草中,而立以护之。……冻馁数日死。曹氏女卒得免。(《清史稿·列女传四》,14197页)

春梅 徐氏女名。徐氏女,平湖人,为曹氏婢,名曰春梅。其主死,遗子女各一。春梅年二十余,不嫁,抚其子女。……其主有兄迫欲嫁之,终不行。(《清史稿·列女传四》,14198页)

丁香 程氏婢名。丁香,不知其氏,云南南宁人。为程氏婢,程氏女嫁于吴,丁香从。吴中落,程氏女以女红自给,丁香执役不稍息。……数十年卒不嫁。(《清史稿·列女传四》,14198页)

金姑 朱氏婢女名。江金姑,金溪人,为朱氏婢。朱氏女归江,媵焉。江夫妇皆卒,金姑矢不嫁,育其孤。(《清史稿·列女传四》,14198页)

阿透 罗廷胜妻名。罗廷胜妻马,名阿透,宁各司羊海寨仲民女也。廷胜死,阿透年二十六,父欲为别嫁,阿透哭于廷胜墓,自经死。(《清史稿·列女传四》,14199页)

阿全 罗朝彦妻名。罗朝彦妻刘,名阿全。……朝彦死,其弟欲妻嫂,引强暴迫刘,自杀。(《清史稿·列女传四》,14199页)

云按:清自晚近以来,世乱年荒,民生维艰。《列女传》所录诸凡母女、妻妾以及义女、婢女等名字,如"娘""娃""姑""儿""春英""菊花""丁香""二妹"等等,都从民俗取字,皆当为小名,不明标小名者,尊重史记之文。诸列女俱身遭不幸,或死寇难,或遇兵祸,或为家事,或为主情,弱势者仁之厚,义之重,性之烈,而强权者恶之甚,毒之酷,诬之尤,俱见于字表。

附 录

△攸字子远,少与袁绍及太祖善。……绍自以强盛,必欲极其兵势。攸知不可为谋,乃亡诣太祖。绍破走,及后得冀州,攸有功焉。攸自恃勋劳,时与太祖相戏,每在席,不自限齐,至呼太祖小字,曰:"某甲,卿不得我,不得冀州也。"太祖笑曰:"汝言是也。"然内嫌之。其后从行出邺东门,顾谓左右曰:"此家非得我,则不得出入此门也。"人有白者,遂见收之。(《三国志·魏书·崔琰传》注引《魏略》)

却说曹操统领众将入冀州城。将入城门,许攸纵马近前,以鞭指城门而呼操曰:"阿瞒,汝不得我,安得入此门?"操大笑。(《三国演义》第三十三回)

云按:曹操小名阿瞒,许攸恃劳见诛。呼小字亦种下见杀之因。

△宋高祖刘裕,小字寄奴。微时伐荻新洲,遇一大蛇,射之。明日往,闻杵臼声。寻之,见童子数人皆青衣,于榛林中捣药。问其故。答曰:"我主为刘寄奴所射,今合药傅之。"裕曰:"神何不杀之?"曰:"寄奴王者,不可杀也。"裕叱之,童子皆散,乃收药而反。每遇金疮,傅之即愈。人因称此草为刘寄奴草。(李时珍《本草纲目》"刘寄奴草"下收录)

△千古江山,英雄无觅,孙仲谋处。舞榭歌台,风流总被,雨打风吹去。斜阳草树,寻常巷陌,人道寄奴曾住。想当年、金戈铁马,气吞万里如虎。 元嘉草草,封狼居胥,赢得仓皇北顾。四十三年,望中犹记,烽火扬州路。可堪回首,佛狸祠下,一片神鸦社鼓。凭谁问:廉颇老矣,尚能饭否?(辛弃疾《稼轩长短句》卷五《永遇乐·京口北固

亭怀古》）

　　云按：此词写入两位名人的小名，一是"寄奴"，为南朝宋武帝刘裕的小名，又一是"佛狸"，为北朝魏太武帝拓跋焘的小名。以小名入词，成为一大特色，演成一篇金戈铁马、神鸦社鼓的战火故事。

　　△周公名子曰禽，孔子名儿曰鲤，止在其身，自可无禁。至若卫侯、魏公子、楚太子，皆名虮虱；长卿名犬子，王修名狗子，上有连及（谓连及父为狗——引者），理未为通，古之所行，今之所笑也。北土多有名儿为驴驹、豚子者，使其自称及兄弟所名，亦何忍哉？……如此名字，幸当避之。（颜之推《颜氏家训·风操篇》）

　　△今人生子，妄自尊大，多取文武富贵四字为名，不以"希颜"为名，则以"望回"为名，不以"次韩"为名，则以"齐愈"为名，甚可笑也。古者命名，多自贬损，或曰愚曰鲁，或曰拙曰贱，皆取谦抑之义也。如司马氏幼字犬子，至有慕名野狗，何尝择称呼之美哉？尝观《进士同年录》，江南人习尚机巧，故其小名多是好字，足见自高之心；江北人大体任真，故其小名，多非佳字，足见自贬之意。（王利器《颜氏家训集解》注引宋俞成《萤雪丛说》，并按云："尊大与谦抑之说，足补此书所未备"）

　　云按：补颜说未备。

　　△自昔名贤，严于辈行，尤笃通家之好。子弟见父执必拜，或立受，或答半礼，呼以排行，或称小字。书问以从表兄叔自处。尝记秦楚材内翰守宣城，一族叔见于公厅稠人中，叙至次，乃举小字以审之。今则拜礼施于显宦，则有佞贵之嫌，为父执者，亦恐凭藉而为我累，通家之契替矣。（周辉《清波杂志》卷五《名贤辈行》）

　　△洪驹父集《侍儿小名》三卷，王性之续一卷，好事者复益所未备。虽曰择之不精，采摭未尽，亦足为尊俎谐谑之助。士大夫昵裙裾之乐，顾侍巾栉辈得之惟艰，或得一焉，不问色艺如何，虽资至凡下，

必极美称,名浮于实,类有可笑者。岂故矜炫,特偿平日妄想,不足则夸尔。(周辉《清波杂志》卷九《侍儿小名》)

△灵隐寺僧了然,恋妓李秀奴(小名),往来日久,衣钵荡尽,秀奴绝之,僧迷恋不已。一夕,了然乘醉而往,秀奴弗纳。了然怒击之,随手而毙。事至郡,时苏子瞻治郡,送狱推勘,见僧肤上刺云:"但愿生同极乐国,免教今世苦相思。"子瞻判词云:"这个秃奴,修行忒煞,灵山顶上空持戒,一从迷恋玉楼人,鹑衣百结浑无奈。毒手伤人,花容粉碎,空空色色今何在? 臂间刺道空相思,这回还了相思债。"判讫即斩之。(《苏轼年谱》卷三十注引)

△王凝侍郎按察长沙日,有新授柳州刺史王某者,将赴任,抵于湘川谒凝。启云:"某是侍郎诸从子侄,合受拜。"凝问其小名,答曰:"通郎。"乃令左右促召其子,至,诘曰:"家籍中有通郎否?"……遽征属籍,果有通郎,已于某年某日物化矣。凝睹之怒。翌日,厅内备馔招之。王望凝欲屈膝,忽被二壮士挟而扶之,鞠躬不得。凝前语曰:"使君非吾宗也。昨误受君拜,今谨奉还!"……王惭赧,食不下咽,斯须踯躅而去。(冯梦龙《古今谭概》卷十八《颜甲部》"冒从侄")

△(李嗣源云)兀那妇人,这小的肯与人呵,与了我为子可不好? (正旦云)官人若不弃嫌,情愿将的去。敢问官人姓甚名谁? (李嗣源云)我是沙陀李克用之子李嗣源是也。久以后抬举的你这孩儿成人长大,我教他认你来,你将他那生时年月小名说与我者。(正旦云)官人,这孩儿是八月十五日半夜子时生,小名唤做王阿三。……自从在潞州长子县讨了那个孩儿来家,今经十八年光景也。……(李从珂云)母亲,认的您孩儿王阿三么? (正旦云)谁是王阿三? (李从珂云)则我便是王阿三。(关汉卿《刘夫人庆赏五侯宴》)

云按:李嗣源在战乱中收养了李从珂,小名王阿三。十八年后凭小名母子相认。

△那焦氏……真个就身怀六甲。到得十月满足,生下一个儿子,乳名亚奴。你道为何叫这般名字?原来民间有个俗套,恐怕小儿养不大,常把贱物为名,取其易长的意思,因此每每有牛儿狗儿之名。那焦氏也恐难养,又不好叫恁般名色,故只唤做亚奴,以为比奴仆尚次一等,即如牛儿狗儿之意。(冯梦龙《醒世恒言》卷二十七)

△崔生……先自走到这家门首,一直走进去。金保正听得人声,在里面踱将出来道:"是何人下顾?"崔生上前施礼,保正问道:"秀才官人何来?"崔生道:"小生是扬州府崔公之子。"保正见说了"扬州崔"三字,便吃一惊道:"是何官位?"崔生道:"是宣德府理官,今已亡故了。"保正道:"是官人的何人?"崔生道:"正是我父亲。"保正道:"这等,是衙内了,请问当时乳名可记得么?"崔生道:"乳名叫做兴哥。"保正道:"说起来,是我家小主人也。"推崔生坐了,纳头便拜。(凌濛初《二刻拍案惊奇》第二十三回)

云按:保正金荣,原是崔生父亲的旧仆,乃是信义之人。

△小七叔……此刻自己改了个号,叫做叔尧;他的小名叫土儿,读书的名字,就是单名叫一个"尧"字,此刻号也用这个"尧"字。我问他是甚么意思。他说小时候,父母因为他的八字五行缺土,所以叫做土儿,取"尧"字做名字,也是这个意思。其实是毫无道理的,未必取了这种名字,就可以补上五行所缺。(吴趼人《二十年目睹之怪现状》第三十九回)

△只听警幻道:"宝玉,再休前进,作速回头要紧!"宝玉忙止步问道:"此系何处?"警幻道:"此即迷津也。……"宝玉方欲回言,只听迷津内水响如雷,竟有一夜叉般怪物撺出,直扑而来,唬得宝玉汗下如雨,一面失声喊叫:"可卿救我!可卿救我!"吓得袭人辈众丫鬟忙上来搂住,叫:"宝玉别怕,我们在这里!"却说秦氏正在房外嘱咐小丫头们好生看着猫儿狗儿打架,忽听宝玉在梦中唤他的小名,因纳闷道:

"我的小名这里从没人知道的,他如何知道,在梦里叫出来?"(《红楼梦》第五回)

　　△"狗娃!(我必须在这里做个解释,据说起这个贱名是爹娘的心计,为了保个平安,无论多么有权有势的鬼神都不会注意一条狗,何况还是一条小狗娃呢!只要没引起握有生杀予夺大权的鬼神们的注意,就不会受到伤害)从明天起你就跟荷香姐去'果干'。"……"果干"是个日本词儿,就是交换的意思。(白桦小说《姐》,载《十月》1995年第5期)

跋　语

　　《小字录续补》草成，诸凡史籍、笔记、诗话、文艺、报章，凡所见以为可助小字之道者，皆录之以供读者便览。小字又称小名、乳名。人有小名、大名（或称学名）以及表字。一般先小名，后学名，再表字。民国八年（1919）山西《闻喜县志》记："男子年逾二十，别立雅驯之名以代小名，俗谓之'官名'。闻人呼'官名'则喜，以为相敬。同辈互呼，直以官名，至老不变。"又民国二十三年（1934）内蒙古《归绥县志》载："邑俗，男子生锡乳名，就傅始命名，成丁乃字。"（以上县志二条转引自《汉语人名文化放谈》）习俗："丁者，指十六岁成人，故称'成丁'。"本人石家宗祠即规定男子十六岁"冠丁"，由此知小名、学名、表字命名先后的概况。

　　小名故事，虽所录不多，然合而观之，自见小字之义不小。民俗习套，明小名之习尚；士人侍儿，充小名之艳态；佳字为名，寓命名人之良愿；贱物为名，示百姓家之苦心。乳名相认，小字假冒，一实一虚，可叹可笑。诗中入小字，文人戏谑；梦里呼小名，听者哑然。谚曰：小名喊到老，一世不烦恼。故喊小名，显长辈亲昵；平辈相呼，未必有侵权嫌疑。但应自重，不可妄呼，自重者，彼此感佩；妄呼者，或至丧命。因此，取小名，呼小名，大有讲究，取得是，用得好，确实见效，读者阅之，自有体会。不劳多说了。

石云孙
2018 年 7 月 23 日大暑日写于安庆师范大学博望居

参用文献

司马迁:《史记》,中华书局,1959年。

孔颖达:《春秋左传正义》,中华书局,《十三经注疏》本,1980年。

何晏注,邢昺疏:《论语注疏》,中华书局,《十三经注疏》本,1980年。

刘向编集:《战国策》,齐鲁书社,2005年。

班固:《汉书》,中华书局,1962年。

范晔:《后汉书》,中华书局,1965年。

陈寿:《三国志》,中华书局,1959年。

房玄龄等:《晋书》,中华书局,1974年。

刘义庆:《世说新语》,上海书店,《诸子集成》本,1986年影印版。

沈约:《宋书》,中华书局,1974年。

李延寿:《南史》,中华书局,1975年。

李延寿:《北史》,中华书局,1974年。

萧子显:《南齐书》,中华书局,1972年。

姚思廉:《梁书》,中华书局,1973年。

姚思廉:《陈书》,中华书局,1972年。

魏收:《魏书》,中华书局,1974年。

李白药:《北齐书》,中华书局,1972年。

令狐德棻等:《周书》,中华书局,1971年。

刘昫等:《旧唐书》,中华书局,1975年。

欧阳修、宋祁:《新唐书》,中华书局,1975年。

薛居正等:《旧五代史》,中华书局,1976年。

袁枢:《通鉴纪事本末》,中华书局,1964年。

吴任臣:《十国春秋》,中华书局,1983年。

脱脱等:《宋史》(纪传部分),中华书局,1985年。

《绍兴十八年同年小录》,钦定《四库全书》本。

脱脱等:《辽史》,中华书局,1974年。

脱脱等:《金史》,中华书局,1975年。

宋濂等:《元史》,中华书局,1976年。

张廷玉等:《明史》(纪传部分),中华书局,简体字本,2000年。

赵尔巽等:《清史稿》(纪传部分),中华书局,1976年。

法式善等:《清秘述闻三种》,中华书局,1982年。

蔡东藩:《前汉演义》《后汉演义》《两晋演义》《南北朝演义》《唐史演义》《五代史演义》《宋史演义》《元史演义》《明史演义》《清史演义》,中国和平出版社,2004年。